... objets non admis à l'Exposition universelle
PAR LE JURY NATIONAL

L'ARGIROLITHE

LE SILICIUM, LE TUNGSTÈNE, LE MOLYBDÈNE

L'ARGENTURE COMMERCIALE

DE M. CHAUDRON-JUNOT

SUIVI

DU RAPPORT DE MM. DUMAS ET BALARD A L'INSTITUT

PAR

M. E. DE COOK
DOCTEUR DE LA FACULTÉ DE PARIS

Mais ce qu'il y a de plus remarquable, c'est que le silicium, le tungstène, déposés à *épaisseur*, sont d'une blancheur et d'un éclat qui dispense de tout dépôt subséquent d'argent, et *qu'ils offrent sur l'argent l'avantage de résister* COMPLÈTEMENT *à l'action de l'hydrogène sulfuré et de jouir, par leur densité, d'une résistance beaucoup plus grande.*
(Brevet de perfectionnement pris par M. Chaudron-Junot le 12 novembre 1849, sous le nº 7681.)

Res, non verba.
Des faits, non des mots.

PRIX : 50 CENTIMES
AU PROFIT DU BUREAU DE BIENFAISANCE DE PASSY.

PARIS
EN VENTE CHEZ TOUS LES LIBRAIRES
DÉCEMBRE 1855

L'ARGYROLITHE

LE SILICIUM, LE TUNGSTÈNE, LE MOLYBDÈNE

L'ARGENTURE COMMERCIALE

DE M. CHAUDRON-JUNOT

SOMMAIRE.

Paris. — Typ. de Gaittet et Cie, rue Gît-le-Cœur, 7.

Galerie des objets non admis à l'Exposition universelle

PAR LE JURY NATIONAL

L'ARGYROLITHE

LE SILICIUM, LE TUNGSTÈNE, LE MOLYBDÈNE

L'ARGENTURE COMMERCIALE

DE M. CHAUDRON-JUNOT

SUIVI

DU RAPPORT DE MM. DUMAS ET BALARD A L'INSTITUT

PAR

M. E. DE COOK

DOCTEUR DE LA FACULTÉ DE PARIS

Mais ce qu'il y a de plus remarquable, c'est que le silicium, le tungstène, déposés à *épaisseur*, sont d'une blancheur et d'un éclat qui dispense de tout dépôt subséquent d'argent, et *qu'ils offrent sur l'argent l'avantage de résister* COMPLÉTEMENT *à l'action de l'hydrogène sulfuré et de jouir, par leur densité, d'une résistance beaucoup plus grande.*

(Brevet de perfectionnement pris par M. Chaudron-Junot le 12 novembre 1849, sous le n° 7681.)

Res, non verba.
Des faits, non des mots.

PRIX : 50 CENTIMES

AU PROFIT DU BUREAU DE BIENFAISANCE DE PASSY.

PARIS

EN VENTE CHEZ TOUS LES LIBRAIRES

DÉCEMBRE 1853

GALERIE

DES

OBJETS NON ADMIS

A L'EXPOSITION UNIVERSELLE

PAR LE JURY NATIONAL

PROTESTATION.

LE SILICIUM.

Réclamation de M. de Cook, insérée dans le Journal des Mines du 8 novembre 1855.

« Dès le premier jour de sa publication, le *Journal des Mines* s'est proposé de développer les questions minières et métallurgiques au double point de vue scientifique et industriel. Ce programme sera toujours le nôtre, convaincus que nous sommes que les trésors intellectuels de la science doivent, autant que possible, prendre une forme industrielle pour contribuer au bien-être général des sociétés.

« Ce but, que nous poursuivons, est aussi celui que nous avions en vue quand nous avons ouvert nos colonnes aux divers travaux qui tendent à faire entrer les métaux terreux dans le domaine des spéculations du jour. Nous ne rechercherons jamais que la vérité en toute chose. Mais les expériences et les essais d'exploitation du silicium soulèvent des questions graves et délicates, et mettent en jeu des intérêts opposés, qui engagent de la manière la plus sérieuse la responsabilité des personnes.

« Notre journal a toujours été prêt à recevoir les communications qui pouvaient servir à mettre à couvert la légitime susceptibilité des intéressés, et c'est sous l'impulsion de cette pensée que nous avons publié, dans notre numéro du 23 août la juste réclamation de M. Adrien Chenot.

« Les procès-verbaux de ces expériences nous attirent, aujourd'hui encore, une nouvelle rectification de M. de Cook lui-même. Pour établir, dans toute sa sévérité, la situation du *Journal des Mines*, qui n'a montré dans cette circonstance que bienviellance et désintéressement, pour éclairer tous les intérêts que l'application du silicium, au point de vue industriel, peut soulever, pour donner enfin consciencieusement aux actes de chacun la mesure qu'il réclame lui-même, nous sommes heureux de pouvoir insérer dans ce numéro la lettre que nous adresse M. de Cook.

« Henry Cosic. »

« Passy-lès-Paris, ce 30 octobre 1855.

« *Monsieur le rédacteur en chef,*

« La publication, dans votre estimable journal, d'une série de procès-verbaux d'expériences faites par moi, concernant la réduction du silicium, du tungstène, etc., par les procédés électro-chimiques de M. J. Chaudron-Junot, publication qui a été faite *sans mon autorisation*, dans le courant de juillet et août derniers, exige, par ce motif grave, un certain nombre de modifications et d'additions que je suis obligé de faire aujourd'hui. En effet, ce travail ne devait pas encore être livré au public, et je n'en avais donc nullement autorisé l'impression dans un journal quelconque. De plus, ces articles servent de pivot à des dires que la science et l'expérience réprouvent, et sont exploités en vue de la formation d'une Société par actions, qui a pour objet l'application de ces procédés. C'est dans ce but que ces articles ont été réimprimés sous forme de brochure, avec des éloges dont me gratifie pompeusement M. Chaudron-Junot.

« Depuis l'époque de la publication, j'ai continué à travailler sans relâche, non plus dans le même laboratoire, mais chez M. Chaudron-Junot lui-même et avec mes bains. Or, mes travaux me conduisent à la *conclusion rigoureuse que la quantité de métal déposée par les procédés électro-chimiques de M. Chaudron-Junot est* TELLEMENT MINIME *qu'il est de toute imposibilité de faire de l'argenture de couverts et de pièces d'orfévrerie, en tant qu'industrie vraie et honnête.* En effet, les dépôts sont presque impondérables, et les insuccès, provenant des difficultés inhérentes à la composition des bains et à l'irrégularité des dépôts, des plus nombreux. Aussi, les objets fabriqués ne peuvent-ils être que mauvais, alors même qu'ils atteignent la plus grande perfection possible.

« Je démontrerai péremptoirement ces faits dans une brochure qui paraîtra incessamment. En attendant, je défie qu'on présente des objets fabriqués loyaux et marchands en argyrolithe-alliage et bien moins en soi-disant sicilium.

« Je donnerai aussi les caractères propres à reconnaître les lingots en argyrolithe de ceux qui ne le sont pas. Cette question est d'autant plus importante qu'il est extrêmement difficile de faire des lingots, les quantités de dépôts étant on ne peut plus exiguës. Au moyen de l'analyse et des poids spécifiques, il sera donc facile de reconnaître les lingots entre eux. Pour mon compte, je n'en ai jamais vu de vrais, quoique je me sois occupé de ces questions depuis bientôt un an, et que tout ce qui s'y rattache me soit passé par les mains. Quant aux lingots de silicium pur, si toutefois le métal déposé doit porter ce nom, il n'en existe qu'un seul du poids de 4 grammes et quelques centigrammes, ainsi que quelques grenailles composant tout mon bagage en matière de réduction. J'ai bien vu du métal en paillettes, ainsi que des lingots contenant au moins 95 p. 0/0 d'argent, mais ce n'était pas là de l'argyrolithe. Du reste, on pourra se convaincre, par une expérience aussi simple que facile, indiquée par M. Chaudron-Junot lui-même, si l'on a affaire à de l'argyrolithe ou à de l'argent; en effet, l'argyrolithe et le silicium, dit M. Chaudron, ne sont pas noircis par les sulfures solubles, ou l'eau de Baréges, tandis que l'argent est infailliblement attaqué par ces agents.

« En attendant que toutes ces questions soient traitées *ex professo*, comme j'en prends l'engagement à la fin de mes procès-verbaux, dans ma brochure qui paraîtra prochainement et dans laquelle je prouverai catégoriquement que l'argyrolithe ne saurait être l'objet d'une industrie d'argenture sérieuse, et partant remplacer l'argent, il est de mon devoir de protester contre l'emploi qui se fait de mes articles et de déclarer que je suis complétement étranger à des combinaisons qui peuvent servir d'élément aux jeux de bourse, mais nullement à une industrie sérieuse et vraie.

« Agréez, Monsieur le Rédacteur, l'assurance de ma parfaite considération.

« Le Dr E. de Cook. »

Lecteur, mu par une noble bienveillance, tu trouveras, peut-être, que l'attaque est trop brutale. — Dans ce cas, souviens-toi qu'il existe une loi immuable qui *veut* que « l'angle de réflexion soit égal à l'angle d'incidence, » ou, en d'autres termes : « que la réaction soit égale à l'action. » Sache aussi que je suis loin de dire tout ce que je sais ; que, par conséquent, je reste *bien en deçà* des limites fixées par cette loi.

N'ayant pour guide que la vérité, j'accomplis une tâche pénible, un devoir social, peu compatible avec mes habitudes ; et, fidèle à ma devise : *des faits, non des mots, j'affirme que chaque fait peut être contrôlé par des témoins ou occulaires, ou auriculaires, ou de collaboration.*

Dr E. de C.

Passy, fin novembre 1855.

PARTIE HISTORIQUE.

ENQUÊTE.

Vers le 15 novembre 1854, M. Foullon, ancien notaire, juge de paix suppléant du canton de Neuilly, me présenta à M. Chaudron-Junot. Le but de la visite était de l'éclairer sur les résultats industriels obtenus par ce dernier. Je fus reçu avec une extrême bienveillance, — *j'étais expert.*

La première entrevue dura quelques heures, pendant lesquelles une foule d'objets divers passèrent sous mes yeux; j'en fus vivement impressionné. En effet, l'assurance avec laquelle M. Chaudron entrait dans tous les détails industriels du *silicium*, en présence de M. Foullon, qui semblait être en relation suivie avec lui, la figure sympathique, l'âge de l'inventeur, la manière familière dont il parlait des plus grandes illustrations scientifiques, à titre de collaboration ou de témoignage, tout permettait, en quelque sorte, d'admettre sur parole des faits qu'un expert ne doit accepter qu'après un contrôle, d'autant plus rigoureux que les faits paraissent extraordinaires.

Quoi qu'il en soit, je m'empressai de me rendre, le jour même de l'entrevue, à Clichy-la-Garenne, pour communiquer ce que j'avais vu à M. Adrien Chenot, qui s'occupait de la réduction des métaux terreux. Mon récit l'intéressa. Il me pria de lui procurer un rendez-vous, et nous nous rendîmes ensemble chez M. Chaudron. Il fut convenu, séance tenante, que les expériences, concernant la réduction des métaux terreux, par la voie électro-chimique de M. Chaudron, seraient répétées dans le laboratoire de l'usine de Clichy-la-Garenne, qu'on ne s'occuperait nullement des applications industrielles de ces métaux, *mais seulement de leur production pure et simple.*

M. Chenot, martyr de la métallurgie, empoisonné deux fois par les gaz délétères, tomba malade. Au surplus, ses travaux pour l'Exposition universelle, qui ont valu à l'auteur *une médaille d'honneur*, bien méritée, absorbaient à tel point son esprit et son temps que, sans une volonté de fer, il lui eût été impossible d'être prêt à entrer en lice à l'époque fixée. Par ces motifs, plusieurs mois s'écoulèrent sans donner suite aux travaux électro-chimiques projetés.

L'époque d'ouverture de l'Exposition universelle approchant, chaque inventeur attendait avec impatience le décret immuable du jury. Il fut *impérieusement* négatif pour M. Chaudron, malgré toutes les démarches qui ont été tentées en sa faveur.

C'est dans ces conditions que M. Chaudron me pressa d'intervenir auprès de M. Chenot, afin de hâter les travaux qui devaient, d'après *ses devis et dires les plus explicites*, nous procurer des lingots de silicium par *kilogrammes*, avant l'ouverture de l'Exposition. Aussi M. Chenot, non-seulement accepta-t-il la proposition, mais il promit d'admettre les lingots dans ses vitrines. En conséquence, il me chargea, à ma grande satisfaction, de diriger les travaux, et mit pour cela tout à ma disposition, avec la largesse que ses amis lui connaissent[1]. C'est sous de pareils auspices que les travaux commencèrent le 21 avril 1855.

1. Un accident affreux vient de nous l'enlever bien malheureusement!

Pendant les quelques mois qui précédèrent la mise à l'œuvre, M. Chaudron me communiqua tous les documents, me fit part de toutes les observations que l'expérience lui avait suggérées; en un mot, il vida son sac avec un tel abandon que je devais croire à sa bonne foi.

La réussite des expériences de Clichy avait pour M. Chaudron un double intérêt majeur; il y allait et de sa fortune et de son honneur compromis par un procès scabreux. Aussi, tous ceux qui connaissent M. Chaudron se feront-ils une idée exacte du savoir-faire aimable qu'il a dû déployer en cette circonstance.

Je me mis donc au travail avec ardeur et sous les auspices les plus favorables, et, ne connaissant pas le passé, sans me douter de l'insuccès et de la gravité des complications ultérieures. Je puis dire, avec un autre homme de bonne volonte qui m'a précédé dans ce terrible manége : « La silice a été un vrai cilice. » (M. Barveaux.)

Les travaux marchèrent d'une manière peu conforme au devis que nous avait fourni M. Chaudron. Au bout d'un mois, malgré la persévérance la plus opiniâtre, malgré les conseils bien suivis de l'inventeur, je ne pus obtenir que 6 grammes environ de métal, qui absorbèrent une dizaine de kilogrammes de cuivre rouge. Et encore si c'était là du *silicium*. Ce qu'il y a de certain, c'est que j'ai employé de la silice provenant des creusets de M. Chaudron, et je donnerai plus tard la signification de ce fait.

M. Chenot, qui avait montré tant d'empressement, se refroidit, à l'égard des merveilles Chaudron. J'ai su depuis que certains renseignements, qu'il ne m'a pas communiqués, étaient arrivés à sa connaissance. Et, certes, la réaction de M. Chenot, se manifestant par l'absence d'intérêt, ne saurait être taxée d'exagération. Je puis dire que sa bienveillance a été très-grande, si l'on songe qu'il avait été victime de sa bonne foi en acceptant, sans contrôle, pour du silicium, ce qui n'en était certainement pas. C'est à ce titre qu'il a publié une protestation formelle.

Les lingots n'arrivant pas, toutes les espérances d'un lucre fabuleux s'évanouirent; et, en effet, *le prix de revient du kilogramme de silicium ne devait s'élever qu'à 28 fr. 82 c., d'après les devis de M. Chaudron*, et on pouvait en faire une dizaine de kilogrammes avec une mise de fonds de moins de 30,000 fr. Le combat cessa donc faute de combattants. Toutefois, je continuai à travailler, non plus au point de vue de la production du silicium, *la question etant jugée*, mais en vue de trouver des caractères distinctifs entre le métal obtenu et l'argent. Je m'occupai subsidiairement aussi du tungstène; mais je fus distrait de mes occupations par un incident qui mérite d'être apprécié.

M. Chenot, me voyant persévérer dans une mauvaise voie, m'engagea plusieurs fois à quitter des travaux au moins futiles. Il n'appuyait pas son dire d'arguments assez solides, selon moi, et j'ai le regret de confesser tardivement qu'il avait pleinement raison. Chacun suit son organisation qui dicte les destinées. La loi de causalité me rend naturellement persévérant et tenace.

Je remis à M. Chaudron des procès-verbaux d'expériences faits de bonne foi et sans suspicion; et quel ne fut mon étonnement lorsque j'appris, quinze jours après leur publication, qu'ils avaient été livrés à un journal avec le titre suivant : *Procès-verbaux des expériences faites dans le laboratoire de M. Adrien Chenot, à Clichy-la-Garenne*, concernant la réduction du silicium, du tungstène, etc., par les procédés électro-chimiques de M. J. Chaudron-Junot, par le docteur E. de Cook.

Faire intervenir le nom de M. Chenot sans son autorisation, c'était mal; mais on voulait atteindre un but quand même, on jetait les bases d'un hardi projet : *La formation d'une Société par actions pour l'exploitation du* SILICIUM. M. Chenot s'en formalisa avec raison, et, ne pouvant concevoir que M. Chaudron avait pu se permettre d'insérer dans un journal une série d'articles portant ma signature, sans mon autorisation, son ressentiment s'étendit sur moi. Heureusement j'ai une lettre de M. Chaudron qui constate la vérité de ce fait.

Cet incident eut les suites les plus fâcheuses. Je fus attiré à Passy; M. Chaudron m'offrit son laboratoire, où je devais continuer les travaux scientifiques, en attendant l'époque de l'application industrielle qui ne devait pas être de longue durée. Cette cause me conduisit fatalement *à la découverte et à l'appréciation exacte* des procédés Chaudron.

J'ai dit que tous les documents choisis avaient été mis à ma disposition par M. Chaudron : c'était son intérêt de faire réussir l'exploitation métallurgique commencée chez M. Chenot. Or, je ne connais, en fait de pièces scientifiques antérieures au mois de novembre 1854, que deux mémoires de M. Barse, une discussion d'expertise du même auteur et un mémoire curieux, revêtu de la signature de M. Chaudron, qui donne une juste idée des connaissances chimiques de l'auteur. Depuis lors, il n'a été publié que le recueil informe de mes procés-verbaux, publié sans mon autorisation et partant sans conclusion : *cela devait être.* Mais c'en était assez; il fallait agir quand même, le terme de l'enfantement d'une Société par actions était proche. Cela est si vrai que M. Chaudron n'a pu fournir à la formation de sa Société qu'une brochure qui se compose *des procès-verbaux portant ma signature; d'un extrait des rapports de M. Barse, pour ce qui concerne l'analyse différentielle du silicium et du tungstène-Chaudron, de l'argent,* le tout précédé *d'un préambule et d'une conclusion signés J. Chaudron-Junot, chimiste.*

Le préambule et la conclusion ont une signification telle qu'ils méritent la transcription.

« *Notice sur la réduction par voie électro-chimique du silicium, du tungstène, de l'aluminium* (dont on ne dit mot) *et autres métaux* (silence absolu), *considérés comme irréductibles, et sur leur application aux arts et à l'industrie* (application dont il n'est nullement fait mention dans le texte, c'est un *titre* et rien de plus), *par J. Chaudron-Junot, chimiste.*

« *Le* 17 *novembre* 1848 et *le* 12 *novembre* 1849, j'ai fait consacrer, par deux brevets d'invention, la réduction et l'application du *silicium*, du *tungstène*, du *titane*, du *molybdène*, du *chrome*, de l'*aluminium*, du *magnesium et* de l'*urane*, par la voie électro-chimique.

« Ces divers métaux, extraits de gangues stériles, appartiennent tous, par leurs propriétés, à la classe des métaux nobles, et, par leur prix, à celle des métaux inférieurs.

« Leur emploi dans les arts peut donc, à juste titre, être considéré comme une des plus grandes conquêtes de la chimie moderne, et c'est ainsi que l'a appréciée le savant M. Dumas, dans la conférence que j'ai eu l'honneur d'avoir avec lui, pour lui soumettre des spécimens de ces différents métaux, *conférence dont la Presse du* 30 *octobre* 1850 *a rendu compte.*

« Malheureusement des résultats aussi considérables ne

sont pas obtenus sans froisser des intérêts et des amours-propres, et le sort de toutes les grandes découvertes est de condamner leurs auteurs à des luttes ruineuses, dans lesquelles ils ne peuvent être soutenus que par la conscience de la loyauté de leurs travaux et par la clarté de la multiplicité des faits sur lesquels se fondent leurs convictions.

« J'en ai fait la douloureuse expérience, et je me glorifie, dans mon isolement, d'avoir puisé, dans la lutte même que je subis depuis tant d'années, l'énergie qui m'a permis, au prix des plus durs et des plus grands sacrifices, de mettre en évidence une découverte aussi importante.

« J'étais trop sûr de mes résultats pour ne pas être convaincu de réussir tôt ou tard à les faire apprécier, et je suis heureux de pouvoir présenter ici le compte rendu des expériences faites par des hommes honorables et consciencieux, qui viennent enfin prouver la réalité de ma découverte et en constater la priorité.

« Cette priorité, du reste, est suffisamment établie par *mes brevets* de 1848 et 1849, ainsi que par la lettre que j'ai eu l'honneur d'adresser *à Londres, dès le* 3 *septembre* 1848, à Son Altesse le prince Louis-Napoléon, et dans laquelle je lui en faisais l'hommage, la jugeant digne de son haut patronage.

« Dans les diverses visites que j'ai eu l'honneur de lui rendre à son arrivée à Paris, en octobre et novembre 1848, Son Altesse daigna agréer cet hommage et encourager mes travaux par les paroles les plus bienveillantes.

« Si, depuis lors, je n'ai pas rappelé à l'Empereur les paroles si affectueuses du prince Louis-Napoléon, c'est que je n'ai voulu le faire qu'appuyé sur des expériences et des documents émanant d'hommes savants et honorables, qui, en établissant la sincérité de mes allégations et la réalité de ma découverte, répondissent d'avance à toutes les objections dictées contre mes produits, par une concurrence déloyale et par la force d'inertie, en présence desquelles je me trouve placé d'une manière fatale depuis si longtemps.

« Aujourd'hui que les faits sont prouvés et clairement établis, je n'hésite plus, et c'est avec confiance que je m'appuie sur les documents qui suivent. »

Suivent les procès-verbaux d'abord, puis l'extrait du mémoire de M. Jules Barse, en date du 1er février 1854, et finalement la conclusion suivante de M. Chaudron-Junot, avec la date Passy, le 10 août 1855; mais qui devrait porter la date du 10 ou 15 septembre 1855.

« Ces attestations formelles, résultant de travaux consciencieux faits par des hommes parfaitement honorables, jouissant dans la science d'une considération méritée, ne peuvent laisser aucun doute sur la réalité de mes résultats; mais je possède, en outre, celles de *M. Soubeyran*, qui a adhéré au travail de M. Jules Barse, de M. Philippe Debette, ingénieur des mines, de M. Tribouillet, qui a été pendant plusieurs années attaché au laboratoire de Sèvres et qui, sur mes indications, a réduit chez lui du silicium.

« J'ai également une correspondance de Londres qui constate les mêmes faits; enfin, mon laboratoire a été honoré de la visite d'hommes considérables qui, tous ont approuvé et encouragé mes travaux, notamment M. Ledagre, ancien président du tribunal de commerce, M le duc de Luynes, M. Girardin, professeur de chimie, etc.

« Les faits vrais ne sauraient être éternellement méconnus, et j'aime à espérer que les rapports des mémoires présentés à l'Académie des Sciences par M. Jules Barse depuis le 1er février 1854, et par moi depuis le 23 mars 1853, en constatant la sincérité de mes allégations, rendront enfin justice à la persévérance et à la loyauté de mes travaux, et me procureront, dans la haute approbation de l'Académie, le plus grand prix que je puisse y attacher. »

Pour arriver à une plus ample compréhension, nous transcrivons aussi l'article publié dans le journal *la Presse*, le 30 octobre 1850 (faits divers), sorti de la plume de M. Chaudron, je le suppose.

« M. Chaudron-Junot, de Bussy, chimiste, aux travaux duquel la science et l'industrie sont, depuis vingt-cinq ans, redevables de découvertes fort importantes, a été reçu, il y a quelques jours, en audience particulière par M. le Ministre de l'Agriculture et du Commerce, auquel il a remis les spécimens des résultats d'une découverte nouvelle qu'il vient de réaliser après trois années de travaux et de sacrifices sans relâche.

« Ces résultats, qui sont appelés à produire une révolution dans l'art de la dorure et de l'argenture, ainsi que dans un grand nombre d'applications métalliques, consiste dans la réduction et l'application de toute la série des substances métalliques considérées jusqu'ici comme irréductibles.

« Il a classé ces différents métaux en deux catégories, dans l'ordre de leur inoxidabilité et de leur résistance dans les acides.

« La première comprend le silicium, le tantale, le titane, le chrôme, le tungstène, le molybdène et l'urane.

« La seconde catégorie comprend le magnésium, l'aluminium et le baryum.

« Les métaux de la première catégorie sont complétement inoxidables et résistent parfaitement à l'action des acides forts, quelques-uns même à l'eau régale; ils peuvent donc remplacer avec grand avantage le platine dans un grand nombre de ses applications, et leur prix n'est pas le trentième de celui du platine.

« Ceux de la deuxième catégorie n'ont pas, à beaucoup près, la même résistance dans les acides, mais ils ne s'oxident pas dans l'air sec ou humide, et sont susceptibles de recevoir dans l'ornementation de très-nombreuses applications pour remplacer l'argent à un prix excessivement moindre.

« La couleur de tous ces métaux varie du blanc de platine au blanc d'argent le plus pur, mais avec un éclat et un brillant bien supérieur à ceux de ces métaux.

« M. le Ministre du Commerce, juge si compétent en cette matière, a examiné avec le plus vif intérêt les diverses pièces qui lui ont été soumises par M. Chaudron-Junot, et l'a vivement félicité de la persévérance qu'il a mise pendant si longtemps à poursuivre des résultats si remarquables. Il lui a surtout témoigné combien il était frappé de la réduction si parfaite du silicium qui, jusqu'ici était resté classé parmi les métalloïdes, malgré les nombreux travaux accomplis par les plus savants chimistes pour les réduire.

« Si l'on réfléchit, en effet, que ce métal, appelé à remplacer le platine dans beaucoup de ses applications, s'extrait de la silice et des sables, qui constituent la substance la plus abondante du globe, et que son prix de revient excède à peine celui des métaux de l'ordre le plus inférieur, au lieu du prix énorme de 1100 fr. le kilogr. que coûte le platine, on comprend aisément quel immense avenir est réservé à une aussi intéressante découverte.

« Aussi, nous qui avons vu des couverts, des plaques gravées, des médailles, des fils de cuivre, etc., etc., revêtus de silicium et de ces divers autres métaux, nous avons été tellement surpris et émerveillés de résultats si remarquables que nous ne pouvons que nous associer aux éloges qui ont été donnés à leur auteur par M. le ministre du Commerce, et faire des vœux sincères pour que M. Chaudron-Junot recueille le prix qui est dû à ses travaux si importants, accomplis avec tant de persévérance et d'acharnement, au milieu des luttes les plus pénibles. »

Hâtons-nous, tout d'abord, de placer l'auguste personnage invoqué au-dessus des éléments d'une discussion peu sympathique. Qui ne sait avec quelle munificence les découvertes sérieuses et vraies sont journellement récompensées. Existe-t-il un savant, un industriel qui ignore la protection éclairée et si persévérante que l'Empereur a voulu accorder à la découverte de l'Aluminium et à ses applications industrielles?

Comment faire concorder, dès-lors, le passage du préambule de M. Chaudron « *Si je n'ai pas rappelé à l'Empereur les paroles si affectueuses du prince Louis-Napoléon, c'est que je n'ai voulu le faire qu'appuyé sur des expériences et des documents émanant d'hommes savants et honorables*, etc : » avec la relation de l'audience que lui a accordé M. le ministre de l'Agriculture et du Commerce, l'illustre chimiste, juge des plus compétents. Est-ce que M. Chaudron avait besoin d'un témoignage plus puissant que celui du savant M. Dumas, offert en 1850, comme le déclare M. Chaudron lui-même! Qu'attendait-il de 1850 à 1855?

Le lecteur parviendra peut-être à expliquer une telle contradiction; cette tâche est au-dessus de nos forces en suivant la voie simple et naturelle.

En examinant attentivement ces documents émanés de

la plume de M. Chaudron, imprimés sous forme de brochure dont le titre *est à effet*, nous reconnaîtrons :

1° Que M. Chaudron dispose de documents scientifiques bien peu nombreux eu égard aux noms propres qu'il cite avec, etc., etc.

2° Qu'il éprouve néanmoins le besoin de se protéger par des individualités puissantes.

3° Que des résultats aussi considérables ne sont pas obtenus sans froisser des intérêts et des amours-propres, et que le sort de toutes les grandes découvertes est de condamner leurs auteurs à des luttes ruineuses (textuel), en d'autres termes, que M. Chaudron se plaint de n'avoir pas trouvé l'appui moral et financier qui lui était dû en récompense des grandes conquêtes dont il avait doté la chimie moderne.

4° Enfin que, dans le besoin d'exploiter sa découverte, chose bien légitime, il s'est *fourvoyé* complétement, et pour cause.

Il est, en vérité, curieux d'avoir appelé en témoignage d'une découverte si belle, expérimentée depuis sept années, des hommes compétents, tels que MM. Dumas, Soubeyran, Debette, Ledagre, etc., etc., sans pouvoir offrir au public, que l'on veut s'attacher, *un mot, un seul mot* authentique, émanant des témoins eux-mêmes. Et constatons avec quelle facilité la plume de M. Chaudron sait faire les apologies quand même! Aussi, depuis qu'ayant assisté à certains faits graves, je ne me suis plus fié aux paroles, ma curiosité m'a poussé à savoir quelle pouvait être la cause d'une telle négligence. Hélas! je n'ai pas tardé à m'en rendre un compte bien exact. Le nombre des documents, l'importance des allégations qui m'arrivent de toutes parts, expliquent surabondamment la cause toute puissante d'un tel oubli. Le classement de cette multitude de documents est chose difficile; aussi me contenterai-je d'en donner un procès-verbal, en rétablissant les etc., etc.,[1] par les noms propres, qui sont : MM. Balard, Becquerel, Despretz, Pelouze, Pouillet, de l'Institut; M. Jobard, directeur du Musée de l'industrie en Belgique; M. Le Play, ingénieur en chef des Mines; M. Rivot, chef du bureau des Essais et professeur à l'École des Mines; M. Leroux, répétiteur, à l'École Polytechnique; M. Riche, chef des travaux chimiques à la Sorbonne; M. Bourbouze, chef des travaux physiques à la Sorbonne, ainsi que plusieurs ingénieurs des mines qui ne me font pas défaut.

Qu'il me soit permis d'exprimer ici mes sentiments de reconnaissance pour l'accueil bienveillant que j'ai reçu, et pour l'empressement avec lequel ces hommes honorables, si haut placés dans la hiérarchie des sciences, ont bien voulu me communiquer les documents qui suivent.

M. Despretz, membre de l'Institut, a accueilli M. Chaudron avec sa bienveillance habituelle. La bonne mine, la manière de se présenter de l'inventeur, loin d'exciter la méfiance, ont fait admettre ses dires par M. Despretz, toutefois sous réserves. En effet, M. Despretz demanda un lingot, quelque petit qu'il fût, pour étudier le corps engendré dans des conditions si curieuses, promit d'appuyer la découverte de tout son pouvoir, et d'en faire, lui-même, un rapport à l'Institut, si les dires de M. Chaudron traversaient l'épreuve victorieusement. M. Despretz attendit huit mois. M. Chaudron ayant fui l'expérimentation sérieuse, l'opinion de M. Despretz a dû nécessairement se modifier,

1 En mettant sous presse, nous recevons une nouvelle brochure, publiée par M. Chaudron. — Voir les dernières pages de cet opuscule.

et il croit aujourd'hui que le *silicium* de M. Chaudron doit être rangé dans la classe des produits qui ne s'avouent pas au grand jour.

M. Balard, membre de l'Institut, que j'ai instruit du patronage, *vraisemblablement involontaire,* qu'il accordait à l'argyrolithe-silicium-tungstène de M. Chaudron-Junot de Bussy, m'a déclaré avec indignation : « *que faire intervenir son nom dans cette circonstance ne pouvait être que le produit du mensonge le plus audacieux et de l'imposture la plus grossière ; que de semblables conquêtes de la chimie sont indignes du tribunal de la science, mais bien du ressort d'une autre institution sociale.* »

M. Chaudron ayant présenté, en 1853, un mémoire à l'Institut sur ses prétendues transmutations, MM. Balard et Pouillet furent nommés commissaires. Après un examen analytique des plus rigoureux, ces messieurs reconnurent qu'ils avaient affaire à *l'argent.* Ils firent part à M. Chaudron du résultat de leurs recherches minutieuses, et, en conséquence, ils engagèrent l'inventeur à adresser une lettre à l'Institut, par laquelle il reconnaîtrait son erreur et dirait vouloir retirer son Mémoire avant la lecture du rapport. *M. Chaudron, en effet, écrivit la lettre, ainsi que MM. les commissaires le lui avaient conseillé; il se rétracta en faisant l'aveu de son erreur, et retira son Mémoire.*

Le lecteur comprendra la juste indignation de ces messieurs, lorsqu'ils ont vu reparaître, en 1855, dans *une même brochure*, publiée par M. Chaudron, la reproduction du Mémoire retiré, en regard des noms de MM. Balard et Pouillet, invoqués comme protecteurs, connaissant du mérite de son invention.

MM. Dumas, Becquerel et Pouillet, de l'Institut, ainsi que *M. Le Play*, ingénieur en chef des mines, s'associent en tout point à l'opinion de M. Balard. Leur indignation égale leur étonnement en présence d'une action aussi scandaleuse que coupable. L'honorable M. Le Play, au surplus, n'a jamais vu M. Chaudron. Cependant M. Labbé, maître de forges, voulant traiter, en 1853, pour l'acquisition des procédés Chaudron, vint trouver M. Le Play et le pria de faire examiner les dépôts recouvrant les pièces, examen qui ne fut rien moins que favorable à M. Chaudron.

M. Jobard, juge si compétent en matière d'industrie, que j'ai entendu invoquer journellement par M. Chaudron comme étant l'admirateur et le protecteur de ses travaux, m'a fait savoir : *qu'il ne pouvait admirer ce qu'il ne reconnaissait pas être vrai comme élément scientifique, ni protéger, à plus forte raison, une industrie greffée sur de tels éléments, et surtout sans preuves nettes après tant d'années d'exercice.*

M. Soubeyran, membre de l'Académie impériale de Médecine, m'a déclaré avoir été deux fois chez M. Chaudron vers 1853; qu'il y était allé avec la bonne volonté d'un savant honnête qui veut recueillir des faits nouveaux; qu'il a passé deux après-midi au laboratoire de M. Chaudron, où tout était disposé pour la production de l'argyrolithe; que les expériences n'ayant eu aucun résultat, il aurait dit, en se retirant : M. Chaudron, *votre affaire n'est pas mûre; le point scientifique n'est rien moins qu'élucidé; par conséquent, toute idée d'application industrielle me paraît au moins prématurée.*

M. Bourbouze, chef des travaux physiques à la Sorbonne, a proposé à M. Chaudron, dans deux entrevues qu'il a eues avec lui dans le courant de 1855, de faire l'étude complète du *silicium*, avec la promesse que, le cas échéant, M. Despretz présenterait le travail à l'Institut. M. Chaudron, dans ces circonstances, a éludé la question et s'est refusé à remettre à M. Bourbouze les quelques grammes de silicium qu'il demandait, alors qu'il en montrait des lingots. *Et semper idem* toutes les fois qu'il s'est agi d'entourer le nouveau métal de l'auréole lumineuse qui devrait lui appartenir.

M. Ledagre, ancien président du Tribunal de commerce, membre du Conseil municipal de Paris, ainsi que M. Ledagre fils, chez qui, on disait devoir faire une exposition de lingots et de produits en argyrolithe, m'écrivent et m'autorisent à dire : qu'ils n'ont jamais honoré le laboratoire de M. Chaudron de leur visite; qu'ils sont tout à fait étrangers aux procédés du sieur Chaudron-Junot; qu'ils n'ont jamais entendu lui prêter l'appui de leur nom et encore moins ouvrir leurs magasins à l'exposition de ses produits. Qu'ayant donné à M. Chaudron le conseil de faire des lingots, avec la promesse de les prendre pour leur compte, si le métal était bien ce que disait l'inventeur, ce dernier ne leur en a fait voir que des parcelles qu'il emportait avec lui après les avoir prônées, et, par conséquent, sans vouloir permettre que l'on fît, à son aise, des expériences comparatives dans les ateliers ; que, par tous ces motifs, ils étaient conduits à suspecter la bonne foi de l'inventeur et à l'assimiler, jusqu'à un certain point, à ce hardi alchimiste qui disait : voici l'or que je fabrique, en montrant un culot, provenant d'un lingot *d'or vrai* qu'il avait *déposé* et *fondu* dans le creuset.

M. Philippe Debette, ingénieur des mines, ayant eu connaissance de quelques articles sur le silicium, publiés par M. Chaudron-Junot, s'est empressé d'engager amicalement le propriétaire du journal à ne pas compromettre sa feuille par de tels récits. — De plus, j'ai reçu de M. Debette lui-même, une lettre, en date du 15 novembre 1855, de laquelle il ressort : qu'il a connu M. Chaudron-Junot, en 1847, que c'est lui, en qualité d'expert des procédés de M. Chaudron, pour le compte de MM. Malachy-Daly, banquiers à Paris, en 1848, qui a donné l'idée d'essayer les bains de silice, lui qui en a donné la formule, voyant que M. Chaudron échouait complètement avec le tungstène et le molybdène. Que ces bains de silice ne réussissaient pas davantage, après une année sacrifiée à cette expérimentation.

« Après ma retraite, le 28 novembre 1849, dit M. Debette, M. Chaudron, avec l'assistance de M. L., fit d'abord quelques essais, mais ces essais ne réussirent pas pour divers motifs, dont l'un consistait à avoir mis le bain alcalin dans un double fond de tôle, ce qui, à mon avis, était une faute. Ensuite, il fut effectivement préparé quelques bains d'argenture par les hyposulfites, sans toutefois donner lieu à une fabrication courante. Mais, cependant, il y eut, à cette époque, une saisie en contrefaçon, et nous pensons qu'une partie, au moins, des bains qui furent alors saisis étaient bien réellement des bains d'argenture; mais nous sommes certains qu'aucun de leurs produits ne fut livré au commerce. »

« Depuis cette époque, M. Chaudron m'a demandé plusieurs fois à reprendre ensemble les travaux, offre que j'ai déclinée, surtout à cause de la réputation que M. Junot s'était faite dans le monde industriel, comme gérant d'une savonnerie (la savonnerie de l'Ourcq, à la Villette). Je n'ai jamais su au juste de quoi il s'agissait, mais le bruit public était : *qu'il s'en était tiré d'une manière fâcheuse pour sa réputation.* »

« Les articles de M. Chaudron-Junot, que j'ai lus dans

quelques numéros du *Journal des Mines*, m'ont d'ailleurs démontré qu'industriellement parlant ses recherches étaient aussi peu avancées qu'en 1849. »

Et, si mon nom est cité, « je vous autorise à réclamer en mon nom, dans les limites indiquées par les explications qui précèdent. »

Tel est le témoignage de l'homme honorable qu'invoque sans cesse M. Chaudron.

A l'École des mines, j'ai été reçu de la manière la plus bienveillante par *MM. Rivot* et *Daguin*, mais aussi avec un rire homérique lorsque je vins à prononcer le mot: *argyrolithe*. Ces messieurs connaissaient, en partie déjà, l'orbite accidentée qu'a parcourue le *phénomène*. Rien ne les a étonnés; rien n'a pu renchérir sur ce qu'ils savaient déjà. Il est bon de dire qu'ils avaient fait, antérieurement, plusieurs analyses de ce précieux métal.

M. Riche, répétiteur à l'École polytechnique, chef des travaux chimiques de la Faculté des sciences, a préparé à la Sorbonne, il y a environ deux ans, des bains de silice d'après la formule de M. Chaudron. Ces bains ont été expérimentés par M. Balard et par lui; ils ont remarqué que les bains préparés avec de la silice précipitée par eux, n'ont jamais donné de résultat; qu'il n'en était pas de même lorsqu'on employait, pour la confection des bains, des ingrédiens apportés par M. Chaudron. De prime abord, M. Riche a cru avoir affaire à un système de contrefaçon plus ou moins masqué; il a été fortifié dans cette opinion préconçue par une série d'analyses faites par M. Balard et par lui. Mais laissons parler M. Riche lui-même; copions la lettre qu'il a eu la bonté de nous adresser :

« Après avoir constaté, par les moyens chimiques ordinaires, que le métal déposé, sous le nom d'argyrolithe, sur des couverts n'est autre que de *l'argent*, j'ai, sur votre demande, cherché à comprendre et à exécuter le procédé recommandé par M. Barse.

« La liqueur à laquelle il donne le numéro 1, ne m'a présenté aucun des caractères des sels d'argent. Ceci ne m'a nullement surpris; car ce métal a dû rester en entier dans le numéro 2, provenant de la calcination au rouge du nitrate d'argent en présence du charbon. Mais je n'ai pu, comme M. Barse, y décéler le *tungstène* par aucune des réactions qu'il annonce.

« Je n'ai pas été plus heureux quand j'ai cherché à isoler *la matière insoluble*, *gélatineuse dans l'aspect*, désignée par la lettre C.

« Quant au numéro 2, le métal a donné par l'acide nitrique les vapeurs rutilantes annoncées par M. Barse; *mais le sel dissous jouit de toutes les propriétés, et des seules propriétés des sels d'argent.*

« Je vous dirai, monsieur, que, m'occupant de recherches sur le tungstène, je suis allé, il y a un mois environ, chez M. Junot, pour le prier de m'apprendre à déposer du tungstène par voie galvanique. M. Barveaux, un associé de M. Junot, voulut bien, sur sa demande, venir à la Sorbonne, préparer et faire fonctionner des bains au tungstate de soude et au tungstate d'ammoniaque. Nous n'avons jamais obtenu de dépôt brillant ou adhérent; quelquefois seulement il se précipitait une poudre noire en quantité à peine appréciable. Elle ne donne à l'analyse aucun des caractères des sels d'argent.

« M. Barveaux m'a dit alors *qu'il mettait toujours de l'argent dans les bains, afin de les amorcer*. Mais, voulant essayer le tungstène pur, je n'ai point essayé de dépôt dans ces conditions.

Je termine, enfin, en vous disant que, tenant à *élucider complétement la question*, j'ai prié M. Pernot, chimiste chez MM. Christofle et Cie, habitué à ces sortes de travaux, de répéter ces essais de dépôts. *Il n'a pas été plus heureux que M. Barveaux et moi.*

« *M. Leroux*, répétiteur à l'École polytechnique, a été on ne peut plus surpris de voir figurer son nom dans la liste des patrons du métal nouveau. Il me prie de déclarer qu'il n'a donné l'autorisation à qui que ce soit d'inscrire son nom à l'appui de faits qu'il n'a nullement étudiés.

M. Noroy, chimiste de l'usine de M. Chenot, à Clichy-la-Garenne, autrefois employé dans le laboratoire de M. Leplay, à l'École des mines, témoin quotidien des expériences qui y ont été faites en vue de la réduction du silicium par les procédés de M. Chaudron, m'envoie un document dont j'extrais les passages suivants :

« Vous vous souvenez, mon cher docteur, à combien de discussions nous a entraînés la réduction du soi-disant silicium de M. Chaudron-Junot, malgré le ton affirmatif et résolu dont il nous parlait de sa découverte, ainsi que d'une foule d'autres choses. Je regrette bien que nous n'ayons pas étudié la question *ab ovo* et en dehors de *tout contact* extérieur. L'importance de cette découverte aurait exigé d'être traitée sous les scellés, en charte privée; c'est ce que des expériences que je viens de faire me démontrent de la manière la plus péremptoire. Il est vrai que nous n'y avons pas songé à l'époque, par la raison toute simple que nous n'avions nul motif de suspecter la bonne foi de M. Chaudron-Junot, et que d'autre part, en donnant des *caractères bien tranchés* à son silicium, il ne s'était pas placé franchement sur le terrain de la transmutation.

« Vous vous souvenez aussi que je ne pouvais comprendre pourquoi M. Junot tenait tant à ce que la *silice gélatineuse* fût ancienne, un an au moins, pour donner les résultats merveilleux que vous savez. Je ne sais pas encore aujourd'hui quel pouvait être son but ; mais, ce qu'il y a de certain, c'est que le sac plein de silice, qu'il nous a envoyé chez M. Chenot, contenait une silice *toute particulière.* Je viens d'examiner avec soin le sac ainsi que de faibles quantités de silice qui y restent; et j'y ai trouvé *des lamelles d'argent* dont quelques-unes ont plusieurs centimètres carrés de surface. Quant à la masse, on y découvre à la loupe de nombreux points métalliques. Vous voyez donc que cette silice, placée dans des conditions convenables pour se transmuter, quand on l'accepte de bonne foi, n'a pas besoin de recevoir un coup de pile pour donner des réactions argentiques; les soins paternels de M. Junot y ont pourvu surabondamment.

« Ci-joint un échantillon de cette silice et deux des grandes lamelles que j'ai trouvées daus la masse, en présence de Baptiste.

« J'ai repris, en conséqeence, et avec d'autant plus de soin que vous m'avez fortifié dans certaines appréhensions à l'état naissant, une partie des expériences dont voici le résultat :

« J'ai préparé un bain de tungstène *pur;* j'ai eu beau le faire marcher, jamais il n'a donné d'argent; une poudre noire, toujours en faible quantité, venait seule se grouper sur la catode. Sauf la poudre noire, j'en dirai autant d'un bain *pur* de silice.

« Ainsi que vous me l'indiquez, j'ai examiné le tube rempli de paillettes que vous avez laissé au laboratoire. J'ai divisé ces paillettes en deux parties ; l'une a été traitée à froid avec de l'acide sulfurique affaibli (20 à 25°), puis bien lavée à plusieurs eaux et desséchée. J'ai répété simultanément, sur les deux quantités, ma méthode d'attaque par le chlorate de potasse. J'ai trouvé de la silice, comme la première fois, dans les paillettes non lavées; tandis que celles qui avaient subi cette préparation préalable, n'en ont pas offert de trace; ce qui prouverait que la silice provenait des silicates qui souillaient les paillettes. Celles-ci sont sorties du creuset parfaitement décapées; elles ne m'ont jamais apparu si brillantes. Le prétendu silicium, à la température rouge-blanc, ne s'oxide pas par le chlorate; son oxide se comporte donc comme celui d'argent, il est décomposable à la chaleur rouge. C'est, j'en suis convaincu maintenant, le triomphe de la transmutation : nous avons *le noble argent-macadam*; il est à regretter seulement qu'il coûte plus cher que *l'argent vulgaire*. Leur signalement est le même, ainsi que leur provenance.

« J'ai fait, à plusieurs reprises, l'analyse du dépôt des couverts. Que j'aie suivi une méthode ordinaire ou bien la marche obscure et compliquée, pour ne pas dire impossible, qu'indique M. Barse, je n'ai jamais trouvé que de *l'argent*, sauf les traces de cuivre, nickel, zinc, provenant de la masse des couverts.

« Je vous rappellerai aussi que M. Barveaux, mis en demeure de démontrer les caractères différentiels entre le silicium déposé et l'argent, a toujours échoué. Il en a été de même lorsque nous portions nos investigations sur le chlorure précipité des dissolutions nitriques.

« Tels sont les résultats que nous aurions dû obtenir dès le début de l'expérimentation, si, au lieu de croire en la véracité et en la bonne foi de M. Chaudron-Junot de

Bussy, nous avions pu supposer l'inventeur de la transmutation argentique capable d'une mystification aussi téméraire.

Enfin, le lecteur appréciera les quelques lignes que la rédaction du *Journal des Mines* a placées en tête de ma protestation alors que M. Chaudron, était rédacteur dudit journal.

Je passe sous silence les dires de MM. Pelouze, Chevalier, Barral. Ces messieurs étant experts contre M. Chaudron, dans un procès très-grave, ce fait nous impose des devoirs que nous ne transgresserons pas.

Quoi qu'il en soit et avec la meilleure volonté, je ne sais comment qualifier une telle manière de se créer des protecteurs. — Du reste, il en a été de même de l'exploitation des travailleurs de bonne volonté. — M. Chaudron ne s'étant et ne pouvant s'occuper que *d'exploitation*, quoique *chimiste*, a toujours eu besoin d'un homme spécial qui faisait les travaux scientifiques, dont les résultats, quelques mauvais qu'ils fussent, devenaient toujours bons, sous sa puissance transmutatrice. La série de ces derniers commence par M. Debette et finit par moi, — *Et jamais deux générations ne se sont rencontrées simultanément sur le terrain.*

Ces faits prouvent surabondamment que M. Chaudron a trouvé un appui moral, élaboratenr, aussi solide que multiple. Voyons si l'appui financier lui a fait défaut.

J'ai dit que j'avais procuré à M. Chaudron une usine et toutes les sommes nécessaires pour industrialiser ses procédés; de plus, et en cas de réussite, de forts capitaux étaient tout prêts pour établir son industrie sur un pied des plus respectables. — *Insuccès complet.*

M. Pelouze, directeur général de la Monnaie de Paris,

dit un jour fort spirituellement à M. Chaudron : ce que vous me montrez est pour moi de l'argent, et je donnerai des ordres pour que les lingots que vous apporterez à la Monnaie vous soient soldés comme s'ils étaient en argent vierge! Or, comme M. Chaudron, dans l'article publié dans *la Presse*, en 1850, estimait le prix de revient du silicium au plus à 36 francs le kilo, 28 francs 82 centimes, en 1855, et que M. Pelouze lui en offrait 220 francs, l'affaire était on ne peut plus lucrative. *Il est vrai que pour fabriquer il fallait de l'argent.*

Mais, indépendamment de ces faits, il en est d'autres qui prouvent que M. Chaudron a su trouver des points d'appui financiers nombreux. Ici, lecteur, faisons appel à la compassion; la scène s'obscurcit. — L'homme qui persévère dans le faux et qui a des besoins transige souvent avec ses devoirs. Bornons-nous à constater que nous pourrions fournir la liste des personnes qui ont versé à M. Chaudron près de 40,000 francs, et je ne les connais pas toutes, en vue de l'exploitation de l'argyrolithe. C'est ce qui explique les luttes graves et ruineuses dont parle M. Chaudron. Oui, certes, il y a eu des moments pénibles. Un inventeur qui se voit dépouillé de son brevet, bon ou mauvais, dont tous les appareils sont saisis; *qui ne pouvant réaliser, après le prêt, ce qu'il promettait avant,* a passé par une filière cruelle. — Oui, il est bien à plaindre. — Plaignons donc M. Chaudron, mais gardons-nous de l'imiter.

Aussi, si jamais la providence nous accorde la prérogative de faire une découverte de *transmutation* de métaux, et que la Monnaie veuille accepter nos vils produits en échange d'or à effigie, nous fabriquerons du métal purement et simplement, sans nous exposer aux luttes désagréables qu'engendre l'actionnaire sérieux, et autres importuns qui veulent *des faits, non des mots*, en échange de leur argent.

En résumé, aucune force productrice n'a fait défaut à M. Chaudron, si ce n'est *la vérité*. On lui a offert avec une bienveillance *inouie* tous les moyens de tirer un parti honnête et loyal de ses travaux. — *S'il ne l'a pas fait, c'est qu'il ne pouvait et ne peut le faire. Errare humanum est, perseverare diabolicum.*

PARTIE INDUSTRIELLE.

M. Chaudron désigne, sous le nom d'*argyrolithe* (argent provenant de la pierre), le métal réduit par la voie électrochimique *indistinctement* dans un bain de silice, de tungstène, de molybdène ou d'un mélange de ces divers bains. Il ne tient aucun compte des différences qui existent entre ces corps, peu lui importe; c'est-à-dire que, pour lui, il n'en *existe aucune*. En cela, son opinion diffère de celle de M. Barse qui recherche *avec soin* les caractères distinctifs entre le silicium et le tungstène. Toutefois, faisons remarquer que les opinions scientifiques de M. Chaudron sont d'une mobilité effrayante : elles changent avec le but qu'il se propose d'atteindre, ou se modifient totalement, selon la gravité des circonstances ambiantes. L'immuabilité du fait bien étudié serait dangereuse; l'anomalie convient.

Ainsi, en 1849, l'esprit de son brevet est que la *transmutation* s'opère en faveur de l'argent, parce qu'à cette époque, ainsi que le constate la lettre de M. Debette, il s'agissait de faire une affaire d'argenture sous l'égide financière de MM. Malachy-Daly, banquiers. Mais bientôt une saisie en contrefaçon mit fin à la fabrication. Aussi voyons-nous M. Chaudron, dans l'article publié dans la *Presse* le 30 octobre 1850, oublier la transmutation argentique de la veille et constater la transmutation platinique. Que le lecteur veuille bien se reporter à cet article ; il y verra que les métaux que M. Chaudron range dans la première catégorie, dont font partie le silicium et le tungstène, sont inattaquables par les acides forts et qu'il les assimile au platine.

Enfin, le vent soufflant de nouveau, en 1853, 54 et 55, à l'argent, sous l'influence d'une nouvelle saisie, on s'empresse de faire ressortir, de son mieux, les caractères argentiques.

Aimable transmutation! Malheureusement pour M. Chaudron, tout ce qui émane de lui fourmille de contradictions, que nous tâcherons de faire ressortir au fur et à mesure des besoins du discours. Toutefois, empressons-nous de constater que les métaux de la première classe, silicium, tungstène, étaient insolubles dans les acides forts, en 1850, au dire de M. Chaudron ; et qu'en 1854 et 55 le procédé de fabrication de lingots, procédé qu'il nous a communiqué avec tant de soin, ainsi qu'à d'autres personnes, repose précisément sur *la solubilité* desdits métaux dans les *mêmes acides!*

L'argyrolithe, ce produit merveilleux dont la chimie (lisez l'alchimie) moderne doit la conquête à M. Chaudron, existe depuis huit ans et *n'a pas encore été étudié!* Est-il argent, n'est-il pas argent? Est-il chair, est-il poisson? Huit années n'ont pas suffi pour établir une généalogie aussi scabreuse; ce qu'il y a de certain, c'est que l'argyrolithe genre, avec toutes les espèces : sicilium, tungstène, etc., est encore relégué dans les limbes de la science. On le chante. Et, en effet, toutes les connaissances humaines commençant par la rapsodie, il est donc tout simple que M. Chaudron soit le rapsode du silicium argyrolithe, dont l'enfantement lui a coûté tant de combats, de luttes et *d'esprit.*

Cependant, n'existe-t-il aucune observation sérieuse qui vienne corroborer les faits avancés par l'inventeur? N'avons-nous pas vu que des hommes des plus compétents dans le domaine de la science ont daigné donner asile au merveilleux protée; qu'ils ont voulu le caresser à son berceau? Pourquoi M. Chaudron ne s'empressait-il pas de nous communiquer le résultat des expériences faites à la Sorbonne, au Collége de France, etc.? Que conclure de ce que rien n'a été divulgué, rien jeté à la face du monde en plein soleil, si ce n'est que les faits avancés n'ont pas été trouvés exacts, et que l'heure du berger suffit à M. Chaudron, la lumière lui faisant horreur.

A cela M. Chaudron, qui est rarement embarrassé, répond *magnifiquement* : « Jalousie, amours-propres froissés; les savants constitués et officiels n'admettent que ce qu'ils découvrent, à eux seuls la clé de la science et autres formules plus malséantes. Aussi haro général de leur part sur le *chimiste innovateur* laïque qui n'a que sa *loyauté* et sa *conscience* pour couvrir ses inventions. Si j'étais de l'Institut ou de l'École normale, le silicium que j'aurais présenté eût été acclamé, etc. ! »

Sur ce dernier point, il faut en convenir, M. Chaudron est, en quelque sorte, dans le vrai, par la raison toute simple que, dans les conditions indiquées, M. Chaudron, membre de l'Académie des Sciences aurait, le cas échéant, présenté du silicium, et non une poule aux œufs d'argent de par les forces occultes de abracadabra. Noblesse oblige, science élucide et classe.

Passons et examinons maintenant les procédés *indiqués* pour faire de l'électro-chimie silicique et tungstique. Nous verrons, plus tard, en quoi ils diffèrent des procédés *suivis* quand on fait de l'argenture et des lingots argyrolithiques.

Bains de silice. Ces bains sont, en apparence, de la plus grande simplicité. Ils se composent, en effet, de lessive de soude du commerce à 6° Beaumé, tenant en dissolution et, jusqu'à refus, de la silice gélatineuse préparée par le procédé ordinaire. Après filtration, on ajoute une quantité plus ou moins notable de cyanure de potassium, selon qu'on se propose d'argenter ou d'obtenir du métal. Toutefois, le point important de la préparation réside dans *la vétusté* et de la silice et du bain lui-même, que M. Chaudron désigne, par erreur, sous le nom d'*électrolysation* du bain. En effet, il ne s'agit, dans l'espèce, que de laisser reposer le bain préparé pendant un laps de temps plus ou moins long; mais nullement d'en décomposer les éléments par l'intervention de courants électriques. Je ferai observer aussi en passant que, lorsque M. Chaudron vous dit : Remplacez un équivalent de silice par un équivalent d'acide tungstique, il entend purement et simplement ceci : Retranchez de la masse un kilogramme, par exemple, de silice, et remplacez-le par un kilogramme d'acide tungstique. La théorie des équivalents se *transmute* ainsi en un carnet d'additions de la dernière simplicité. Cette théorie n'a jamais d'autre signification pratique : addition de *poids identiques* de divers corps, simples ou composés.

Bain de tungstène. S'agit-il de préparer un bain d'essai dans l'intention d'obtenir du tungstène pur, on fait dissoudre le tungstate d'ammoniaque cristallisé dans une lessive de soude de 5 ou 6° ; on élève la température à 25 ou 30°, on ajoute la quantité de cyanure, comme il est dit pour le bain de silice, et le bain est prêt.

S'agit-il, au contraire, de préparer un grand bain dans le but de recueillir de grandes quantités de métal, à peu près pur, le mode d'opérer est différent. Je transcris les notes que m'a remises M. Chaudron. C'est un chapitre curieux qui démontre combien de progrès sérieux M. Chaudron a effectués dans huit années consacrées à l'étude de ce corps.

« Prendre le wolfram en poudre fine; le mélanger avec 3 parties, en volume, de carbonate de soude; chauffer jusqu'à fusion complète et retirer du feu dès que *l'effervescence* se manifeste. Faire écouler la matière en fusion pour la recueillir, soit à l'état solide sur une plaque ou la faire écouler directement dans l'eau, où elle se dissout très-rapidement.

« Filtrer la dissolution, opération qui laisse sur le filtre les carbonates de manganèse et de fer insolubles.

« Précipiter la liqueur filtrée par l'acide chlorhydrique *versé lentement et successivement, sans agiter la liqueur.*

« Enlever le précipité avec une écumoire, le jeter sur un filtre et le laver très-faiblement, quand la liqueur est encore légèrement acide. Lorsque l'on veut avoir l'acide tungstique pur, il faut laver avec grand soin et à plusieurs eaux; laisser égoutter et enlever le précipité du filtre pour le conserver.

« On sature une lessive de soude à 6° B. avec cet acide tungstique, on cyanure et le bain est fait. Pour ce bain aussi, le repos plus ou moins prolongé est indispensable. »

« Veut-on obtenir l'alliage de silicium et de tungstène, on verse dans le bain de silice autant d'acide tungstique qu'il peut en dissoudre. »

Un numéro du *Journal des Mines*, du mois de juin 1855, je crois, fournira sur la matière de plus amples détails *ejusdem farinæ*. En effet, le *Traité des essais par la voie sèche* de M. Berthier, ainsi que l'ouvrage de M. Henri Rose, ont fourni, en abrégé, à M. Chaudron une série d'ar ticles publiés dans ledit journal, sous le titre : *Manuel de docimasie*. Les articles qui traitent des sujets dont M. Chaudron s'est spécialement occupé sont amendés, revus et augmentés par lui; il y a consigné des faits bien curieux : l'article tungstène mérite d'être signalé.

Quoi qu'il en soit, je ne pus m'empêcher, après avoir lu attentivement les notes qui précèdent, de faire, moi alors ignorant en matière de tungstène, les observations suivantes à l'inventeur :

1° Vous retirez le mélange du feu, dès que l'effervescence se manifeste, c'est à tort. Il faut, au contraire, attendre que l'effervescence soit terminée; car alors seulement l'acide tungstique aura chassé l'acide carbonique du carbonate de soude et formera le tungstate de cette base.

2° Vous précipitez la liqueur filtrée par l'acide chlorhydrique versé lentement et successivement.

Mais, en versant un acide fort dans un tungstate alcalin dissous, ce n'est pas l'acide tungstique jaune qui se précipite, mais bien un sel double, blanc, renfermant les deux acides : l'acide tungstique et l'acide précipitant, et ce dernier en proportion d'autant plus forte qu'il y a une plus grande quantité d'eau en présence. Aussi faut-il faire bouillir le précipité blanc, séché, dans l'acide précipitant pur; chauffer au rouge, et, dans ce cas, on a encore un mélange d'acide tungstique et d'alcali fixe.

3° De plus, vous lavez le précipité quand la liqueur est encore légèrement acide. Mais le précipité blanc, sel à deux acides que vous obtenez, est soluble dans 20 fois son poids d'eau. Donc, la liqueur sera toujours acide; plus vous laverez le précipité et plus vous en perdrez.

Or, comme en définitive votre bain représente un tungstate de soude dissous, contentez-vous d'employer pour la confection de vos bains le tungstate de soude obtenu de premier jet que vous épurerez par une ou, au besoin, deux cristallisations. Et ceci est d'autant plus important pour vos bains d'alliage qu'en versant votre soi-disant acide tungstique blanc dans le bain de silicate de soude vous introduisez une notable quantité d'acide chlorhydrique, qui précipitera à son tour la silice; et, d'après votre manière de procéder, la quantité d'acide chlorhydrique s'élève à 30 pour 100 de la masse totale!

En effet, me dit M. Chaudon, j'ai toujours remarqué que les bains, toujours troubles, exigeaient des filtrations incessantes d'autant plus pénibles que la silice gélatineuse, faisant couche, s'oppose au passage du liquide. Je fus, toutefois, obligé de démontrer ces faits pratiquement; et la plus belle démonstration fut celle-ci : Nous examinâmes le vieux bain dont il est fait mention à la dernière page de cette brochure. Or, *l'acide tungstique blanc* avait tellement déplacé la malheureuse silice qu'à peine nous pûmes en retrouver des vestiges dans le bain, ce qui n'avait pas empêché M. Chaudron, ignorant le fait, d'y recueillir de l'alliage de silicium et de tungstène. Cette fois, au moins, erreur ne fait pas compte.

Grande fut la joie, lorsqu'on reconnut la vérité de mes observations. On en a tenu soigneusement note; et, sans me prévenir, M. Chaudron à pris un nouveau brevet au commencement d'octobre dernier, dans lequel il a consigné les modifications dont je viens de parler, *et semper idem*. Sauf le procédé de convenance, je n'en veux pas à M. Chaudron pour ce fait; je n'eusse certainement pas pris de brevet, et, en outre, comme importance finale, ces modifications n'augmentent pas la valeur de ses brevets.

Marche des bains. N'étaient la grande confiance et

l'absence totale de suspicion sous l'influence desquelles j'ai exécuté mes travaux, je pourrais parler de ces questions, en tant que production de métal, mais nullement en tant qu'argenture ou application industrielle, partie dans laquelle je n'ai aucune expérience, avec une certaine autorité. Le lecteur se souvient que, dans le préambule ainsi que dans la conclusion de la brochure citée, M. Chaudron me comble d'éloges. En effet, je travaillais beaucoup; il avait besoin de moi, je faisais son affaire. De plus, M. Chaudron se posait en victime, et, dans ces questions, il déploie beaucoup de savoir. Que de fois ne m'a-t-il pas dit avec le ton de l'indignation la plus vraie : « Oui, on me calomnie, on me traite de prestidigitateur, comme si j'étais capable de glisser furtivement des préparations d'argent dans les bains! » Pour comble de malheur, je vivais à l'écart, entièrement livré à mes études, et j'ai dû acquérir la triste expérience des choses par moi-même. Que n'ai-je consulté une des nombreuses personnes que je cite dans ma contreenquête!

Nous avons vu, à propos de la préparation si simple des bains, que *le point important réside dans la vétusté de la silice*. M. Chaudron indique encore un second point non moins important, à savoir : *Qu'il faut agir sur de grandes masses de bain pour arriver à des résultats complétement satisfaisants*. D'une part donc, grandes masses de bain, c'est-à-dire 3 à 400 litres; d'autre part, silice gélatineuse d'ancienne date, 1 à 2 ans et plus, si c'est possible, et en quantité notable; et ce n'est qu'à ces conditions que l'on doit opérer. *Bien trouvé!* En effet, avec ces préceptes on se réserve le double avantage de rendre l'expérimentation d'autrui, sinon impossible, du moins très-difficile, et de pouvoir offrir son ours. Aussi, voulant éviter Scylla, suis-je tombé dans Carybde; j'ai dû me servir, afin d'être prêt pour l'ouverture de l'Exposition, de 20 kilogrammes environ de silice gélatineuse de M. Chaudron, ancienne et surtout *convènable*.

Le sac qui la contenait, ainsi que de faibles quantités de cette silice existent encore à Clichy-la-Garenne; et depuis les événements qui m'ont fait connaître le procédé industriel de M. Chaudron, j'ai prié M. Noroy, chimiste employé autrefois dans le laboratoire de M. Leplay, aujourd'hui chimiste chez M. Chenot, de vouloir bien examiner la matière avec soin. On y voit à la loupe de nombreuses parcelles brillantes, métalliques, provenant probablement de la réduction spontanée de certains sels ajoutés, jouissant de cette propriété. Les réactions sont argentiques, et M. Noroy a de plus trouvé des lames d'argent de quelques centimètres carrés.

Mes expériences sur le point qui nous occupe sont donc sans importance. Heureusement qu'il existe des expérimentateurs habiles qui élucideront la question. Nous les connaissons en partie déjà. M. Balard, de l'Institut, et son préparateur, le chef des travaux chimiques de la Sorbonne, M. Riche, ont eu la bienveillance de s'occuper des procédés électro-chimiques de M. Chaudron. Pendant quinze jours, ils ont fait marcher des bains, et ils ont constaté que les bains, préparés par eux avec des substances sortant de leur laboratoire, ne donnaient aucun résultat; qu'il n'en était pas de même lorsqu'ils employaient les ingrédients apportés par M. Chaudron. Encore dernièrement, dans le courant de ce mois (novembre 1855), M. Riche a prié M. Chaudron de venir faire, à la Sorbonne, des réductions électro-chimiques de tungstène, et, *les résultats n'ayant été rien moins que satisfaisants,* la personne de confiance qui représentait M. Chaudron a déclaré qu'il fallait « *exciter le bain avec un peu d'argent*, atteler au tenace tungstène un vigoureux cheval de renfort. »

Des phénomènes semblables ont été observés au collége de France, au laboratoire de la manufacture de Sèvres, dans une expertise faite chez MM. Chevalier et Barral, M. Chaudron opérant en personne.

Enfin, M. Barse lui-même en fait l'aveu dans un rapport autographié, portant la date du 29 janvier 1854. Voici comment il s'exprime : « J'ai cru devoir faire chez moi de petits bains d'un litre avec des matières préparées par moi-même : *les résultats de ces opérations n'ont pas été satisfaisants;* mais l'inventeur annonce, ce qui est possible, qu'en petit il est très-difficile de mesurer le courant électrique, de manière à ne l'avoir ni trop fort ni trop faible. »

Pour mon compte, je *déclare formellement* que les petits bains marchent, toutes choses égales d'ailleurs, tout aussi bien que les grands, *pourvu qu'ils soient préparés* avec de la silice Chaudron. Mes expériences à cet égard sont aussi concluantes que nombreuses. Je ne dirai donc pas : *ce qui est possible*, mais bien : *ce qui est très-adroit.*

Ne laissons pas passer non plus sans un petit commentaire ce fait, avancé par M. Chaudron, qu'il est très-difficile de mesurer le courant électrique de manière à ne l'avoir ni trop fort ni trop faible. M. Chaudron ne fait qu'une recommandation à cet égard; je la trouve dans les notes qu'il m'a remises : *quantité*, point d'*intensité*. J'en donnerai l'explication en parlant du procédé industriel d'argenture commerciale. Je me contente de constater ici qu'il ne faut pas s'exagérer la valeur du mot *intensité*. En effet, en soumettant, toutes choses égales d'ailleurs, un bain de 1 à 300 litres à base de silice et de tungstène par équivalents, c'est-à-dire par poids égaux de métal supposé réduit, comme dit M. Chaudron, ou, en d'autres termes, composé de parties égales, en volume, de dissolution de tungstate et de silicate de soude, préparées comme il est dit, marquant l'une et l'autre 6° B., à l'action d'un couple moyen de Bunsen dont l'acide sulfurique marque 10 à 12°, l'acide nitrique 30°, les zincs plongeant aux trois quarts de leur surface, la plaque immergée dans le bain se recouvre de poudre noire non adhérente, que nous supposons être un sous-oxyde de tungstène; tandis qu'on voit se former autour des anodes de platine des amas considérables de silice affectant la forme de végétations. Ces masses atteignent en peu de temps le volume du poing dans un grand bain. Ces phénomènes ont, selon nous, une signification capitale.

Quantité des dépôts. Procédé pour la fabrication des lingots d'argyrolithe, silicium, tungstène.

Le bain étant prêt à fonctionner, on arme les conducteurs négatifs d'anodes en platine qui plongent dans le liquide; les conducteurs positifs communiquent avec des barrettes métalliques bien décapées, disposées parallèlement les unes aux autres en travers du bac. Ces barrettes servent de points de suspension aux lames de métal décapé, de dimensions plus ou moins grandes, qui, immergées dans le bain, recevront le dépôt, produit de la réduction. En somme, tout est disposé comme s'il s'agissait d'argenture électro-chimique ordinaire; le procédé est identiquement le même.

Les plaques de cuivre ou de platine une fois chargées

de métal déposé, M. Chaudron dédrogue comme tout le monde; seulement, comme le métal-récipient n'a pas besoin de ménagement, il emploie de préférence l'acide nitrique ordinaire, à froid, au lieu de se servir, à chaud, d'un mélange composé de deux parties d'acide sulfurique concentré et d'une partie d'acide nitrique en volume. Le métal recouvrant se dissout, ni plus ni moins que si c'était de l'argent.

Quand l'acide ne mord plus suffisamment, et avant que d'y en ajouter à nouveau, on précipite le métal dissous en y versant de l'acide muriatique ou en y projetant des grains de sel marin, tant qu'il se forme un précipité. On obtient ainsi un chlorure insoluble, caillebotté, blanc d'abord, passant au violet sous l'influence de la lumière.

On laisse reposer le précipité; on décante l'acide surnageant et on remplit le vase d'eau, afin de pouvoir recueillir le précipité sur un filtre et l'y laver à plusieurs eaux. Le chlorure humide, mais légèrement acide, est étendu sur une lame de zinc qui le revivifie par contact. On se procure ainsi le métal à l'état spongieux, on le lave avec soin, pour le débarrasser du chlorure de zinc formé; on le fait sécher et on le conserve pour la fusion ultérieure.

La première fois que je suivis ce procédé, j'étais dans le ravissement d'avoir obtenu une grande fiole pleine de précipité blanc, que je prenais pour du chlorure. On ne m'avait pas prévenu qu'une grande déception m'attendait; et quel ne fut pas mon étonnement, en voyant disparaître l'objet tant convoité au fur et à mesure que j'ajoutais de l'eau, et la dissolution prendre une couleur bleue intense. En effet, cette matière blanche était composée en grande partie de sels de cuivre anhydres et ne renfermait qu'une mi-

minime quantité de métal de M. Chaudron à l'état de chlorure.

Pour prévenir l'adhérence du métal déposé, ce qui facilite notablement l'opération, on cyanure fortement les bains, et on s'évite la peine de tremper les plaques dans une faible dissolution de nitrate acide de mercure, ainsi que cela se pratique pour l'argenture. Mais, malgré ces précautions, il y a des points qui adhèrent très-fortement; dans ce cas, l'usure du cuivre, qui est toujours très-notable, atteint des proportions d'autant plus grandes que l'on se sert d'acide nitrique plus concentré.

Si les plaques sont en zinc, on se servira d'acide sulfurique affaibli. Le zinc, dans ce cas, est vivement attaqué, et le métal recouvrant se soulève et se détache sous forme de paillettes plus ou moins grandes. Le même phénomène a lieu quand on trempe les plaques de cuivre, recouvertes de métal déposé, dans l'acide nitrique étendu d'eau (25°); au bout de quelques minutes d'immersion, la réaction se manifestant, on attend qu'elle se soit répandue sur toute la surface et on plonge vivement la plaque dans un bassin rempli d'eau. Le métal recouvrant se boursouffle et se détache sous forme de paillettes que l'on recueille au fond du vase. Toutefois, l'acide nitrique, quoique étendu, dissout toujours une partie du métal.

Tels sont les procédés que M. Chaudron recommande.

Quoi qu'il en soit, la quantité de dépôt obtenu constitue le point important de la question. C'est donc le cas de jeter un coup d'œil sur les devis que M. Chaudron m'a remis, en vue de la production du métal. (Que le lecteur veuille bien en prendre connaissance avant que de continuer; je les ai consignés à la fin de la brochure.)

Or, voici comment M. Chaudron dispose les bacs dou

les dimensions sont de 2 mètres de longueur, sur 85 centimètres de largeur et 60 centimètres de profondeur réelles. Chaque bac, contenant 1,000 litres de bain, reçoit 40 plaques de cuivre ou de zinc laminés, mesurant 80 centimètres sur 55, soit 4,400 centimètres carrés par face, ou en totalité 8,800 centimètres carrés. Chaque plaque se chargeant *au moins* de 20 grammes de silicium par jour, on recueillera, par bac de 40 plaques, 800 grammes de métal, chiffre qui donne, pour les 40 bacs, 32 *kilogrammes de silicium par jour*. Je ferai remarquer que M. Chaudron, consultant son expérience, considère le dépôt de 20 grammes par plaque comme étant bien infime. Il admet, toutefois, que le silicium se dépose en bien moindre quantité que le tungstène.

Voici les chiffres que l'expérimentation assigne à ce dernier métal. M. Chaudron déclare pouvoir déposer avec la plus grande facilité 50 grammes de tungstène par douzaine de couverts, soit environ 2,200 centimètres carrés : donc, à ce compte, il déposera, sur les plaques de 8,800 centimètres carrés, 50 × 4, soit 200 grammes, ce qui représente, par bac, 8 kilogrammes, pour 40 bacs, 320 *kilogrammes de tungstène-argyrolithe par jour*.

Et, chose phénoménale, une telle production s'obtient avec une mise de fonds de 50,000 francs seulement.

Dixit! Interrogeons la pratique et voyons sur quoi il faut compter. Nul n'est besoin de redire au lecteur ce qu'il sait déjà, il se rappelle le résumé des expériences faites, dans divers laboratoires, par des hommes aussi experts que loyaux, avides de connaître le progrès. Toutefois, j'ajouterai que, placé dans les meilleurs conditions, ayant tout à ma disposition et opérant avec le plus grand soin, je suis parvenu, avec une peine infinie, à retirer d'un bain de silice de 20 litres environ, composé aux deux tiers de silice préparée par moi, et *un tiers* provenant de M. Chaudron, 4 *grammes* 37 *centigrammes de métal*, fondus en un petit lingot. C'est le seul lingot *pur* que nous connaissions. Et n'oublions pas de consigner que, voulant faire marcher le même bain deux mois après ces expériences, toutes nos tentatives de réduction ont été vaines. Comme c'est avec l'enfantement laborieux de ce faible culot que s'est évanouie la riante perspective d'un avenir brillant, M. Chaudron nous a accusé d'avoir mal mené sa barque; nous lui remîmes, avec déférence, la direction du gouvernail. Il opéra par-ci, opéra par-là, et obtint un résultat bien moindre que nous, c'est-à-dire plein un petit tube de poudre noire émaillée de quelques paillettes. Règle générale, M. Chaudron, *mis en demeure et séance tenante*, n'a jamais réussi à ma connaissance; ce qui ne l'empêche nullement de vous démontrer par des pièces matérielles, parfois très-belles, les résultats obtenus antérieurement

Mais pourquoi entasser péniblement des arguments pour ou contre. Nul n'est besoin de faire un grand étalage de science. Les arguments que nous avons à combattre ne sont jamais de nature à exiger un tel déploiement de force. M. Chaudron lui-même se chargera de trancher la question d'une manière péremptoire.

40 bacs et 50,000 fr. de force motrice produisent par jour 32 kilogr. de *silicium* ou 320 kilogr. *argyrolythe tungstène*.

Dans le devis annexé de M. Chaudron, il est fait mention de 10,000 litres de lessive, soit 10 bacs, qui exigeront au plus une mise de fonds de 15 à 20,000 fr., et produiront 8 kilogr. silicium ou 80 kilogr. tungstène.

Or, le prix de revient de 8 kilogr. silicium est, prix fort, de . . . . 250 fr.

Le prix de revient de 80 kilogr. tungstène est, prix fort, de. 2,400

Mais M. Pelouze offrait à M. Chaudron de lui prendre ses métaux au prix de l'argent pur, soit les 8 kilogr. silicium à raison de. . 1,760

Les 80 kilogr. tungstène, qui ne diffère en rien de son congénère, M. Chaudron prenant indistinctement l'un pour l'autre, à raison de 17,600

Donc, il restait un bénéfice net et par jour:
par le silicium de 1,510
par le tungstène de. 15,200

Et, en supposant que M. Chaudron se soit trompé des *neuf dixièmes*, il reste encore un honnête bénéfice de 150 fr. d'une part, ou 1,500 d'autre part et *par jour*.

Ajoutons que toutes les fois que l'occasion lui en a été fournie l'honorable M. Ledagre s'est permis d'observer à M. Chaudron qu'il avait tort de chercher de grands capitaux pour exploiter son affaire; que si la théorie de ce que l'on nomme vulgairement *la boule de neige* était applicable, c'était bien pour le compte de son invention.

Qui croira donc à la vérité des allégations de M. Chaudron, en présence de ces faits, surtout en tenant compte que les sommes, nécessaires selon lui, ne lui ont pas fait défaut, *fait bien établi ?* La question se résout donc par ce simple dilemme : *Ou les faits avancés par M. Chaudron sont* VRAIS, *et, dans ce cas, M. Chaudron ayant eu l'immense consommateur, la Monnaie, dans sa manche, est à la tête d'une magnifique fortune, comblé d'*HONNEURS; *ou bien les faits avancés sont* FAUX, *dans lequel cas M. Chau-*

dron cherche INCESSAMMENT *des fonds, comme* PAR LE PASSÉ, *s'exposant à avoir des luttes aussi* RUINEUSES *que* DÉSAGRÉABLES.

Donc, il n'existe pas de lingots en *argyrolithe-silicium-tungstène*, quoiqu'on en dise. Et, si l'on en montre, les disant tels, ils sont entachés du même vice congénital que la syrène parlante des champs de foire.

Analyse chimique de l'argyrolithe.

Que dirons-nous d'intéressant dans ce chapitre à un lecteur qui sait déjà que ledit *argyrolithe* n'est pas un métal particulier, provenant de la pierre, pavé ou macadam, mais simplement l'argent affublé d'un masque hybride. Une redite est parfois utile; dans l'espèce, elle ne sera pas déplacée, j'espère.

Tous les chimistes qui ont analysé des objets recouverts électro-chimiquement par l'argyrolithe ont toujours trouvé que l'argent était l'unique métal recouvrant. M. Barse *seul* indique une méthode spéciale, par laquelle on ne trouve *point d'argent*, mais bien du *silicium* et du *tungstène*.

J'ai suivi le procédé à trois reprises différentes, toujours sans succès. Il est vrai que, n'étant pas analyste, je m'incline humblement. Aussi me garderai-je prudemment de juger à la légère. J'ai cherché la lumière, et je puis dire avec reconnaissance qu'elle m'a été offerte avec une extrême bienveillance. Examinons donc succinctement le résultat des diverses analyses faites dans ce but :

M. BARVEAUX, ingénieur civil, mis en demeure de démontrer les caractères différentiels entre le silicium et l'argent, n'a pas réussi, quoiqu'il ait assisté aux expériences de M. Barse.

M. NOROY (cité), trois analyses de dépôts sur couverts, a trouvé de l'*argent*, point de silicium, point de tungstène.

M. SALVETAT, chef du laboratoire à la manufacture de Sèvres, a trouvé de l'*argent*, point de silicium, point de tungstène.

A l'ÉCOLE DES MINES, une série d'analyses ont donné de l'*argent*, point de silicium, point de tungstène.

M. RICHE (cité), de nombreuses analyses ont donné de l'*argent*, point de silicium, point de tungstène.

M. BALARD, professeur d'analyse au Collége de France, plusieurs analyses ont donné de l'*argent*, point de silicium, point de tungstène.

Enfin le BUREAU DES ESSAIS, institué à l'École des mines, une analyse officielle qui ne m'est point encore parvenue.

Par des motifs indiqués à propos de l'enquête, je ne parlerai pas des analyses faites par MM. Pelouze, Chevalier, Barral et Lesueur.

Il ressort clairement de ce qui précède qu'il y a erreur de part ou d'autre.

Ce qui est dit des dépôts s'applique en tout point aux lingots, en tant qu'obtenus par voie de dérochage des pièces; c'est de toute évidence. Mais le lingot a un poids spécifique facile à saisir. Or, le lecteur apprendra avec étonnement qu'ayant cherché a plusieurs reprises, et avec des soins minutieux, le poids spécifique de divers boutons de retour, nous avons trouvé *le nombre fatidique* 10, 30 à 10, 40.

Il est bien entendu qu'il n'est pas question ici de ces grossiers lingots dits en *argyrolithe* ou en *silicium*, mais qui, en réalité, sont fabriqués d'aprés le procédé indiqué dans l'excellent livre de M. Berthier, intitulé : *Traité des essais par la voie sèche* (articles Alliages de l'Argent, du Tungstène), c'est-à-dire fabriqués avec du *silicium* acheté chez un fondeur de métaux nobles, n'importe lequel, du tungstène ordinaire, non *transmuté*, du nickel, de l'étain, etc., ajoutant à la masse, et pour lui donner la *liaison*, comme dit M. Chaudron, 25 p. 100 d'argent vierge. Bien des lecteurs se souviendront avoir vu de pareils lingots, et ils se rappelleront bien mieux encore qu'ils leur ont été présentés pour du *silicium*. (J'en possède plusieurs échantillons.)

Or, le poids spécifique de l'argent pur est de 10,47; le poids spécifique de l'argyrolythe-silicium obtenu par le dérochage des pièces, mais contenant encore quelques traces d'autres métaux (cuivre, zinc), 10,30 à 10,40.

Quelle similitude fatale!

Qui a raison? qui a tort?

A propos de poids spécifique, qu'il me soit permis, avant de passer outre, de relater une interprétation assez heureuse présentée par M. Chaudron. « Le poids spécifique du silicium, dit magistralement M. Chaudron, varie entre 2,5 et 3; il est donc trois fois et demie plus léger que l'argent. » M. Chaudron n'a certes jamais pris le poids spécifique du silicium; il ne devait pas y tenir. Nous savons, au surplus, qu'il a refusé les offres faites à cet égard par MM. Despretz, Silbermann et Bourbouze. Pourquoi cependant le silicium est-il plutôt *léger* que *lourd?* Serait-ce parce que l'aluminium est léger? Non. La raison d'être de ce phénomène n'a rien de commun avec l'analogie; la spéculation seule a commandé au silicium d'être léger. En effet, vous faites argenter vos couverts, vous connaissez le poids avant l'opération; après l'étamage, vous pesez, et trouvez vingt grammes seulement d'augmentation de poids. Vous vous récriez.—Vingt grammes! Mais ce n'est pas du solide, c'est de la camelote, c'est du blanchîment pur et simple!

Erreur, erreur grave, vous dira M. Chaudron, le sourire sur les lèvres. Sachez que le *silicium* que j'ai inventé pèse trois fois et demie moins que l'argent. Donc, ce que vous appelez, à tort, blanchîment pur et simple vous représente une couverture d'argent de soixante-dix grammes. Qui vous offrirait un tel avantage, une telle garantie, pour le prix! *Ben trovato.*

Procédé d'argenture argyrolithique commerciale de M. Chaudron.

Ce chapitre sera la triste et simple démonstration formelle d'un fait que le lecteur a deviné. Nous allons assister à l'écroulement de cet échafaudage adroitement construit, qui a eu le mérite de causer tant d'illusions et de faire d'innombrables dupes. Un savoir-faire aussi audacieux qu'exercé a su conduire, pour son malheur, *le protée de la transmutation* jusqu'au sanctuaire de la science, au sein de l'Institut.

C'était au commencement d'octobre dernier; à cette époque, M. Chaudron n'avait pas encore mis une seule pièce d'orfévrerie dans les bains que j'avais fait transporter de Clichy-la-Garenne à Passy; nul essai industriel n'avait encore été tenté par lui devant moi; sa seule occupation, excitée par mes observations incessantes, consistait à faire de nombreuses et vaines tentatives de réduction de métal dans mes bains *garantis contre les dépôts à épaisseur*. En effet, je les examinais souvent, et, par ces motifs, on se serait bien gardé de les souiller *sensiblement* par l'addition d'une matière quelconque. Il fallait donc s'astreindre à jouer petit jeu, pour m'entretenir encore dans l'atmosphère argentique mystérieuse.

Ne sachant, *en apparence*, comment expliquer ces insuccès incessants, M. Chaudron se rejetait sur le passé, et me montrait de beaux échantillons qu'il avait faits ou avec M. Philippe Debette, ou tel autre opérateur. C'est là un système auquel on se conforme toujours.

Quoiqu'il en soit, depuis mon arrivée à Passy, où M. Chaudron me présentait comme étant son ami et associé, il était question, chaque semaine, de commencer le travail industriel la semaine suivante. Il est vrai que M. Chaudron en était réduit aux petits expédients pour se procurer de l'argent, nerf essentiel de la guerre et de l'industrie. Je passais donc le mois d'août à faire des préparations de tungstène, de nickel, etc., pour les bains futurs, avec des matières se trouvant en magasin. Jusqu'ici mes rapports avec M. Chaudron furent des plus amicaux; j'ai conservé nombre de lettres qui le prouvent.

Mais vers la fin d'août se présenta une personne aussi versée dans les affaires commerciales qu'elle l'était peu dans l'industrie des métaux. Il était question d'exploitation de tourbes et de tourbières. On me pria de faire des expériences à cet égard, expériences qui me donnèrent beaucoup d'occupation jusqu'à la fin de septembre.

Subsidiairement on parlait à cette personne des avantages immenses que présentait l'argenture argyrolithique; on s'appuyait sur l'arsenal des objets et échantillons fabriqués *ad hoc*. Enfin, après avoir fait connaître les devis dont il est question à la fin de cette brochure, *etc.*, *etc.*, *etc.* La personne fit des commandes, promit de verser 10 à 12,000 fr. *d'abord*, et versa, en effet, les trois cinquièmes de la somme. On remonta le laboratoire, qui en avait grand besoin; on se disposait, en un mot, à fabriquer de l'argenture-macadam sous les yeux du crédule bailleur de fonds.

L'affection de M. Chaudron diminuait de jour en jour; une préoccupation grave changeait sa manière d'être à mon égard; c'était visible. On cherchait à empêcher, par tous les moyens, qu'un tête à tête entre le capitaliste et moi n'eût lieu; et, dans la crainte de ne pas réussir, vu qu'il vint demeurer à Passy, on le prévint gravement contre moi. En un mot, n'osant compter sur mon appui, connaissant le caractère indépendant dont j'avais donné de nombreuses preuves, ni me dire de m'en aller, ce qui fut tenté toutefois, malgré *les belles promesses qu'on m'avait faites de motu proprio*; on se comportait de manière à ce que, fatigué de tous ces ennuis journaliers, je prisse les devants.

Malheureusement pour M. Chaudron et son phénomène, j'avais fait la connaissance de personnes honorables, demeurant dans la même maison, connaissance dont je me félicite hautement. Nos rapports de tous les instants, une sympathie mutuelle établirent bientôt ce va-et-vient d'idées qui, entre gens loyaux, conduit droit à l'intimité. Ces personnes, nullement intéressées dans le succès de M. Chaudron, furent circonvenues aussi, et, dans nos appréciations mutuelles, nous nous fîmes part de ce qui se passait. De ce jour, j'avais des confidents de tous les moments, des témoins de toutes mes actions.

Enfin, le tour de la funeste semaine arriva. Dans une discussion que j'eus le dimanche avec M. Chaudron, je lui fis remarquer que, de toutes les belles choses qu'il disait, aucune n'avait réussi en ma présence; qu'il avançait sérieusement des faits peu conformes avec ce que j'avais vu avec lui; que je serais pour lui, comme pour M. Barveaux, on ne peut plus heureux de voir faire une pièce industrielle, seulement passable, mais faite devant moi. M. Barveaux, en effet, n'ayant jamais pu produire un objet fabriqué marchand, depuis qu'il exploite une licence accordée par M. Chaudron, j'en fis part à ce dernier qui me répliqua : *Barveaux ne sait pas travailler, il ne veut pas suivre mes conseils.* Mais vous verrez lundi. Déposer 50 grammes de tungstène par douzaine de couverts est pour moi un jeu. Mais aussi quelles précautions, quels soins minutieux dans mes décapages, mes mises au bain, etc., etc.

Quoi qu'il en soit, le lundi suivant, j'attendis le retour de M. et Mme Chaudron, qui étaient partis le matin pour Paris. Vers trois heures, ils descendirent au laboratoire. Je m'y trouvais seul. Alors, Mme Chaudron, *en présence de son mari*, me dit négligemment : *Docteur, pour que les bains soient meilleurs conducteurs, nous vous apportons* 80 *grammes d'argent en grains, que vous mettrez dans le bain, et un* ANODE *en argent de* 57 *grammes. Vous voyez que c'est peu pour un bain de* 350 *litres.* M. Chaudron resta muet.

Je fus consterné. En ce moment solennel, je vis le Code pénal avec les articles 405 et 423, en caractères brûlants, suspendu, par un fil, au plafond de l'antre de l'alchimiste. Un masque s'était levé; j'entrevis toute l'horreur de l'imposture la plus téméraire.

Désirant consulter mes amis sur un fait aussi grave, je dus comprimer la passion, et, m'adressant à M. Chaudron sèchement et avec calme, je lui dis : Dans quel état voulez-vous que je mette l'argent, qui sera au bain ce que l'acide sulfurique est à l'eau, simple agent conducteur? Comme vous voudrez, me fut-il répliqué, et il sortit avec sa femme.

Aussitôt je prévins mes amis de ce qui venait de se passer et leur montrai l'argent remis. Je me décidai, après leur en avoir fait la communication, à assister aux expériences jusqu'au bout, en me tenant toutefois à l'écart. M. Barveaux vint entre-temps : il était pour la patience et assista à la dissolution du silicium acheté chez le fondeur.

Je transformai donc l'argent en cyanure et préparai le bain pour l'expérimentation du lendemain, pendant laquelle je restai les bras croisés, ne servant même pas d'aide à M. Chaudron dans sa sérieuse opération. Deux éléments de Bunsen furent chargés par lui avec des acides trés-faibles, le tiers seulement de la surface des zincs plongeant, et, après les préliminaires de la mise au bain *magistralement* mais *mal accomplis*, les pièces furent immergées et confiées au faible courant développé.

Le dépôt marchait fort bien en tant que dépôt d'argent, avec tous les caractères électro-chimiques propres à ce métal. M. et Mme Chaudron étaient dans le ravissement. A tout moment on sortait une pièce pour la faire admirer par le futur ... associé. On alla même chercher mon ami pour lui faire voir la merveille.

Toutefois, étant seuls, je dis à M. Chaudron : *Vous vous extasiez? Eh bien! pour mon compte, obtiendriez-vous la plus belle pièce faite jusqu'ici en industrie, que votre expérience ne me satisferait pas. Vous déposez l'argent, et rien que l'argent, mis dans le bain sous la double forme de cyanure et d'anode*, et voici pour quels motifs :

« Le circuit voltaïque s'établit toujours dans le sens qui offre la moindre résistance; de là la difficulté de mélanger les solutions de deux ou plusieurs métaux, de manière à ce qu'elles soient également conducteurs. C'est pour cette raison, si difficile à atteindre dans la pratique, que les électro-chimistes n'admettent guère, dans l'état actuel de la science, la possibilité de faire des dépôts d'alliages, franchement réduits dans leurs éléments constitutifs, d'une manière régulière et industrielle. De plus, il faut satisfaire à une autre condition *sine qua non* pour arriver à obtenir des alliages, même accidentellement et d'une manière irrégulière. En effet, il faut pour cela que la force voltaïque soit bien plus considérable que celle qui suffirait pour la réduction du corps élémentaire de la dissolution le plus facilement réductible.

« C'est ainsi qu'en soumettant une dissolution de cyanure d'argent, d'or, de cuivre et de potassium à l'action d'une batterie très-faible, l'argent seul *se dépose en totalité*, par la raison que l'argent, dans cet état, a un pouvoir conducteur infiniment supérieur à celui des autres sels. Ces faits sont connus et ont été mille fois vérifiés. Or, vous vous trouvez dans des conditions bien plus favorables pour réduire seulement l'argent que dans l'exemple précédent; car vous avez remplacé l'or et le cuivre, qui, par leur pouvoir conducteur, sont bien plus rapprochés de l'argent, par le silicium et le tugstème, qui sont bien moins conducteurs. Donc, avec votre faible courant et la disposition de votre bain, vous extrayez purement et simplement l'argent que vous y avez dissous : *vous ne pouvez obtenir autre chose.*

« Mais M. Barse a vérifié....

« Je sais ce que signale M. Barse. Selon moi, il n'a pas

suffisamment pesé ce que vous avanciez. Il est certain qu'après réflexion il n'aurait pas adopté votre manière de voir, qui est en contradiction manifeste avec tous ceux qui se sont occupés de ces questions. En effet, je trouve dans son Mémoire du 10 décembre 1854 le fait suivant :

.. Bain n° 5. — Bain n° 3. 8 litres.

Oxyde tungstène..........	400 grammes.
Lessive de soude, à 7° B....	9 litres.
Cyanure de potassium.....	200 grammes.

Argent pur ajouté, 4,5 grammes;

Cyanure de potassium, quantité suffisante pour dissoudre le chlorure obtenu de la dissolution d'une pièce de 1 franc dans l'acide azotique;

Densité du bain, 10 à 10° Beaumé;

La température, 16 à 20° + 0.

La pièce est retirée du numéro 5 avec une couverte très-épaisse et fortement chargée de poudre déposée avec trop de précipitation (il est à regretter qu'on n'ait pas pesé). Sous cette poudre, qui tombe sous la gratte-brosse, on trouve une argenture brillante et solide. Il est à noter que, dans ce bain seul, ces pièces ne sont restées que dix-huit heures, attendu que l'inventeur annonce que l'opération marche beaucoup plus vite, avec *un courant moins fort*, dans les bains à 5 p. 100 d'argent. *Ce fait a été reconnu exact.*

« Nul doute à cet égard, vous avez déposé alors, comme dans la présente expérience, l'argent qui était en dissolution dans le bain, d'autant plus sûrement qu'en diminuant la somme d'électricité vous vous placiez dans des conditions impossibles pour réduire un autre corps, et, par conséquent, normales pour obtenir un dépôt d'argent à épaisseur. C'est par ces raisons, au surplus, que l'électricité nous fournit le mode d'analyse le plus sensible pour reconnaître la présence de l'argent dans une dissolution dans laquelle les réactifs ordinaires n'en démontrent point.

Vaines raisons! M. Chaudron n'en soutenait pas moins avec vigueur qu'il ne produisait que de l'argyrolythe silicium-tungstène-argent, que l'argent n'était là que pour rendre le bain plus conducteur. Cependant, après l'expérience, qui avait marché dix heures, on put constater que l'anode avait perdu dix-huit grammes de son poids.

La semaine se passa en expériences de cette nature, auxquelles, je le répète, je ne pris pas la moindre part. Je dois dire que, sur sept douzaines de couverts inmmergés dans l'intention pure et simple de les blanchir, la manière d'opérer le prouvant de reste, M. Chaudron n'a réussi que sur *deux couverts seulement. Il ne sait même pas argenter avec de l'argent.* Cependant il recueillait les paillettes d'argent que détachait la gratte-brosse, et se procura ainsi soixante grammes de métal, qu'il présentait toujours pour du *silicium.*

M. T. commençait à s'inquiéter en face de ces insuccès réitérés; il nous accablait de questions. L'idée qui le préoccupait le plus, dans ces moments de doute, était de savoir explicitement s'il n'y avait pas d'argent dans les bains, ce que lui certifiait audacieusement M. Chaudron, même en ma présence. Je fus donc obligé de donner à ce dernier le démenti le plus catégorique. Les cartes se brouillèrent sérieusement. M. T. sentit combien le coup portait. Je lui racontai le peu que je savais alors. Mais M. Barveaux nous déclara qu'il avait demandé et obtenu une licence pour l'exploitation des procédés d'argenture Chaudron, en vue de la déchéance du brevet Christofle; que, malheureusement pour lui, loin que le brevet cité ne tombât alors dans le domaine public, une prolongation fut accordée; que, dans ces circonstances, il avait expérimenté, à ses dépens, combien les bains Chaudron sont un embarras; qu'il lui est de toute impossibilité de faire des produits marchands, non pas bons, mais seulement passables, sans mettre, au moins 40 à 50 p. 100 d'argent; que M. T. n'était pas le premier qui, croyant aux dires de M. Chaudron, eût versé des fonds pour fabriquer; qu'il en connaissait bien d'autres, dont il nous fit connaître les noms, etc., etc. Nous empêchâmes ainsi M. T. de remettre la seconde moitié de la somme promise, qu'il aurait infailliblement versée. Je m'arrête; je n'ai rien à démêler personnellement.

J'en savais trop. M. T. et M. Barveaux, tous deux intéressés au succès de M. Chaudron, ne cessaient de prêcher la patience, en présence de ma déclaration formelle « de tout faire sauter. » La troisième personne du conciliabule, l'ami de M. Silbermann, conservateur des Arts et Métiers, de M. Boubouze, chef des travaux chimiques à la Sorbonne, de MM. Rousseau frères, fabricants de produits chimiques à Paris, était en tout point désintéressée dans la question. Son appréciation avait pour moi bien plus de poids. Il savait depuis un mois que, si l'argyrolithe était ce qu'il est en effet, j'en deviendrais l'exterminateur. Mais, en présence des malheurs d'une nombreuse famille, dont la mère me dit, les larmes aux yeux : « Vous connaissez nos souffrances, vous savez si la silice a été pour nous un affreux cilice; songez à ce que vous allez faire; » je cédai sous une telle pression et promis d'avoir encore un peu de patience, quelque pénible que me fût, du reste, cette détermination.

Sur ces entrefaites on apporta divers objets à argenter,

et comme je n'avais aucune expérience industrielle (je n'avais et n'ai pas encore, à l'heure qu'il est, mis une pièce neuve au bain), et que les produits étaient destinés à être envoyés chez M. Ledagre (ainsi qu'on l'affirmait), M. Barveaux fut chargé du travail. Il faut que je mentionne aussi que la période de crédulité était passée. J'attachais peu d'importance à ce que j'entendais dire vaguement. Il y avait, en effet, plus d'un mois que l'on ne me communiquait plus rien ; tout se passait en comité secret, dont je ne faisais certes pas partie.

Je préparai le bain, dans lequel je mis trois cent cinquante grammes d'argent à l'état de cyanure. J'avais l'ordre d'en mettre cinq cents grammes. *Il fallait faire du bon et du beau.* Mais on ne remit que la somme nécessaire pour l'achat de la quantité indiquée.

M. Barveaux passa quelques jours avec nous, et, à cette occasion, il renchérit de détails sur la position passée et présente de M. Chaudron, détails que je veux taire.

La mesure était comble ; je déclarai vouloir en finir. Dans ce moment suprême, M. Barveaux nous dit qu'on m'indemniserait et m'engagea, autant qu'il était en son pouvoir, à accepter les offres formelles. Mon ami O. connaissait ma pensée intime. Je me retirai heureux et content, pour me livrer à l'enquête. Il y avait plus de quinze jours que cette décision était prise ; le plan était arrêté, seule l'époque de la réalisation était indécise.

M. Chaudron a donc parfaitement raison de dire que son argyrolithe-silicium, tungstène, molybdène, n'est qu'un seul et même corps. Que cherchez-vous donc des caractères différentiels, M. Barse, quand l'inventeur fait une telle déclaration clairement formulée ? Qui mieux que lui peut et doit le savoir ? M. Chaudron n'est-il pas *chi-*

miste, et chimiste ayant dépensé beaucoup d'esprit et de savoir pour créer, élever et patroner dans le monde son incroyable transmutation?

Il est vrai que le chimiste nommé vous offrait deux caractères remarquables pour distinguer son argyrolithe de l'argent vulgaire et que, certainement, vous n'en avez pas été charmé. « Le silicium, le tungstène, le molybdène déposés par la pile, vous disait M. Chaudron, *sont insolubles dans les acides forts*, ce que vous avez trouvé *parfaitement faux.* » Puis, *ces métaux résistent à l'action de l'hydrogène sulfuré et des sulfures alcalins*, fait que M. Chaudron a publié solennellement dans son Mémoire, après trois années consacrées à l'étude de ces mêmes corps, et, dans ce dernier cas, comme dans le premier, vous avez trouvé que les faits que vous observiez étaient, *du tout au tout, contraires* aux allégations de M. Chaudron.

On comprend, dès lors, que vous ayez fait comme tout le monde, que vous ayez cherché, et que, de bonne foi, je n'en *doute nullement*, vous croyez avoir trouvé. Mais, ne vous méfiant pas de ce que l'on vous affirmait (ce qui est acquis pour moi par des passages de votre rapport du 29 janvier 1854), et établissant vos distinctions sur des essais faits dans le laboratoire de M. Chaudron, d'une part, et, d'autre part, les plus *habiles analystes*, n'ayant pu répéter avec succès la marche que vous indiquez, ni atteindre le même résultat, je crains fort que *l'aura transmutatrice* ne vous ait englobé, comme tant d'autres, jusqu'à la fin de vos recherches.

Que M. Chaudron fasse maintenant ou de l'argenturo commerciale, ou des lingots, son procédé est connu. Courant faible — beaucoup d'argent en dissolution. Dans ces conditions, l'épaisseur de ses dépôts est exactement en raison directe de la quantité d'argent contenue dans le bain, toutes choses égales d'ailleurs. Tel le procédé, tel l'argyrolithe! Un mot seul peut le désigner convenablement. Le lecteur l'a trouvé — et me dispense de l'écrire.

GRACES SOIENT RENDUES AU JURY NATIONAL DE L'EXPOSITION D'AVOIR BIEN INTERPRÉTÉ L'ÉNIGME.

Je suivais, il y quelques jours, la rue Vivienne. Au n° 53 existe une boutique; elle porte la double pancarte : *Cession de bail pour cause de départ.* On y vend, entre autres choses, des bijoux en imitation.

Quelle fut ma surprise en voyant exposés dans une des vitrines de cette boutique, si bien choisie pour cela, *les mêmes objets argentés sous mes yeux avec de l'argent vrai* à 220 fr. le k° à l'intention de M. Ledagre, comme disait à tort M. Chaudron, portant l'inscription suivante : ORFÉVRERIE. — PRODUITS DE L'ARYGROLITHE, *métal nouveau provenant de la pierre.*

L'argent à 220 fr. le kilog. imitant l'*argyrolithe* à 28 fr. 82 c. — *Cession de bail pour cause de départ.* Quelle antithèse, — que dis-je, quelle conséquence logique!

De plus la légende imprimée, commençant comme suit : « *L'argyrolithe* (argent provenant de la pierre) est un nouveau métal extrait de différentes substances (le pavé entre autres) dont un chimiste (tout court) est parvenu à obtenir la réduction parfaite. »

Ne semble-t-il pas que c'était là le cas de citer le nom glorieux de l'illustre chimiste? Craint-on que le nom de M. Chaudron n'épouvante les passans, amateurs d'orfévrerie? ou bien existe-t-il des motifs très-graves qui soient de nature à faire commettre cet oubli incroyable?

Quoi qu'il en soit, *lecteur*, il y a un imposteur qui *affirme*, ou un imposteur qui *nie*. Les objets exposés eux-mêmes vont vider le débat.

Le silicium, le tungstène, le molybdène, l'argyolithe de M. Chaudron, en un mot, sont insolubles dans les acides forts, de plus ils ne brunissent pas sous le contact de l'eau de barèges, — l'argent s'y colore infailliblement et se dissout dans les acides indiqués, — c'est M. Chaudron lui-même qui le dit dans un Mémoire officiel, le Mémoire annexé à son brevet de 1849, *sous le n°* 7681 *après trois années consacrées à l'étude de ces corps; ainsi que dans un article publié en* 1850.

ENTRE, ET FAIS-EN L'ESSAI. — SI UNE SEULE PIÈCE RÉSISTE A CETTE EXPÉRIENCE, JE SERAI L'IMPOSTEUR.

M. Chaudron vient de remplacer la brochure citée dans la partie historique de notre travail par une nouvelle brochure ayant pour titre : *Argyrolithe* (argent de pierre), *Orfévrerie*. Réduction par voie électro-chimique et par les procédés brevetés en France (s. g. d. g.), et dans les pays étrangers, des Métaux : *le silicium, le tungstène, le molybdène, le chrôme, le titane, l'aluminum, le magnésium, l'urane*, considérés jusqu'ici comme irréductibles, et sur leur application dans les arts et l'industrie, par M. Chaudron-Junot, chimiste.

Cette brochure, à titre ronflant comme son aînée, contient les mêmes articles, à l'exception que mes procès-verbaux sont remplacés par un extrait ou mémoire présenté à la Société des ingénieurs civils par M. G. Barveaux. La citation la plus intéressante de ce mémoire, que le lecteur voudra bien confronter avec les aveux faits naguère par le signataire de l'article, à M. Riche, répétiteur à l'École polythecnique et chef des travaux chimiqnes à la Sorbonne, est la suivante : *Bien des fois j'ai fait des bains de tungstène, soit avec l'acide tungstique impur, soit avec le tungstate d'ammoniaque, soit même avec la dissolution dans l'eau du produit obtenu par la fusion du wolfram avec le sel de soude, et toujours j'ai obtenu un dépôt blanc métallique semblable à l'argent, soluble dans l'acide azotique, donnant un nitrate analogue au nitrate d'argent, enfin jouissant des propriétés chimiques de l'argent.*

A la suite des mémoires, on trouvera une série d'articles tirés des journaux POLITIQUES, *faits par des écrivains* POLITIQUES *d'un mérite incontestable*, *sans aucun doute*. Le dernier est extrait du *Figaro*.

Pourquoi M. Chaudron n'a-t-il pas ajouté aussi, comme *documents scientifiques*, le couplet de la *Revue* des Variétés de 1855, intitulée le *Royaume du Calembourg;* suivi du spirituel coup de crayon que le *chimiste*, *M. Marcelin*, a publié dans le *Journal pour rire?* Du *Figaro* au Variétés, et de là au *Journal pour rire*, c'est toujours suivre la même route.

Enfin, pour péroraison, les lignes suivantes :

« Pour résumer enfin l'intérêt qui s'attache à des faits

« si importants, nous croyons devoir citer quelques noms « pris au hasard parmi les nombreuses personnes, célè- « bres dans les sciences, les lettres, les arts et l'indus- « trie, qui sont venues visiter le laboratoire de l'inven- « teur ou les ateliers de l'argyrolithe, ou qui ont été « mises à même d'en apprécier le mérite, savoir :

MM.

PHILIPPE DE BETTE, ingénieur des mines.

EBELMEN, ancien directeur de la manufacture de Sèvres.

JULES BARSE, chimiste.

SOUBEYRAN, chimiste.

GIRARDIN, professeur de chimie à Rouen.

HÉRICART DE THURY, ingénieur en chef des mines.

DUMAS, chimiste, ancien ministre.

TRIBOUILLET, chimiste.

LE DAGRE, ancien président du tribunal de commerce.

Le duc de LUYNES.

ORFILA.

ÉMILE DE GIRARDIN.

Le comte D'ORSAY.

Le Dr FOISSAC.

DURAND, commissaire-général de la Monnaie.

PREVET, négociant, président du tribunal de commerce de Mamers.

LÉON PLÉE, rédacteur en chef du journal le *Siècle*.

Le baron DE BECHR, propriétaire.

LE PLAY, ingénieur en chef des mines.

HOEFFER, chimiste, auteur de l'*Histoire de la chimie*.

JULES FABRE, avocat.

ALBERT LUCQ, ingénieur chimiste à Bruxelles.

GUYOT SIONNEST, avoué.

Estivant, maître de forges.
Labbé, maître de forges.
Fossonne, ingénieur.
Muller, chimiste.
Leroux, chimiste, répétiteur à l'École polytechnique.
Balard, membre de l'Institut.
Pouillet, membre de l'Institut.
Quenot, ingénieur civil.
Jobard, directeur du musée industriel de Bruxelles.
Becquerel, membre de l'Institut.
Howyn de Tranchère, ancien représentant.
de Lourdoueix, rédacteur en chef de la *Gazette de France.*
Barbier, membre de la Société royale d'Agriculture en Belgique.
Horeau, architecte.
Stuart-Cooper, docteur-chimiste.
Andrand, ingénieur civil.
Henri de Riancey, homme de lettres, rédacteur en chef du journal *l'Union.*
Lubis, homme de lettres, rédacteur du journal *l'Union.*
A. Morin, homme de lettres.
Paulin, rédacteur en chef de *l'Illustration.*
Ancocq, orfèvre.
Froment-Meurice, orfèvre.
Galy-Cazalat, ingénieur, ancien représentant.
Montefiore, ingénieur-chimiste, de Londres.

Que pense le lecteur, qui connaît l'enqnête, *d'une telle audace?*

Prix de revient du silicium-argyrolithe.

Devis fourni par M. Chaudron-Junot en décembre 1854.

Préparation.

Sable d'Aumont, 1000 kil.	20 fr.	»
Fondant, 1500 kil. à 50 fr. les 100 kil...........	750	»
Acide chlorhydrique, 250 kil. à 12 fr. les 100 kil..	30	»
Charbon..................................	15	»
Main-d'œuvre.............................	15	»
Petits ustensiles et accessoires................	15	»
	855 fr.	»

Produit.

950 kil. chloride silicique à 90 c. le kil.

Réduction.

950 kil. chloride silicique....................	855 fr.	»
Bain à 40 grammes par litre (métal supposé réduit 427 kil. 500 gr.); 10,700 litres lessive de soude à 6° B., 800 kil. sel de soude à 50 fr. les 100 kil.	400	»
Cyanure de potassium, 40 gr. par kil. de chloride silicique, soit 38 kil. à 7 fr.................	266	»
Frais de piles 1 c. et demi par gr. de métal réduit, soit 427 kil. 500 gr. (15 fr. le kil.)...........	6,412	50
Loyer, main-d'œuvre, frais généraux, intérêt, usure du matériel, administration, personnel, etc., 1 c. par gr., soit 10 fr. le kil................	4,275	»
Total du coût de revient......	12,322 fr.	50

Soit pour 427 kil. 500 gr. Donc le kilog. de silicium 28 fr. 82 c.

(Oubli complet du métal immergé qui reçoit le dépôt, représentant un chiffre considérable.) *Oubli du métal-amorce.*

Prix de revient du tungstène-argyrolithe

D'après M. Chaudron-Junot.— Décembre 1854.

Préparation.

Wolfram, 1000 kil. à 1 fr. le kil	1000 fr.
Fondant, 1500 kil. à 50 fr. les 100 kil	750
Acide chlorhydrique, 500 kil. à 12 fr. les 100 kil...	60
Charbon	15
Main-d'œuvre	16
Petits ustensiles et accessoires	25
	1,865 fr.

Produit.

700 kil. d'acide tungstique.

Réduction.

700 kil. acide tungstique	1,865 fr.
Bain à 40 gr. par litre (métal supposé réduit 525 kil.) 13,000 litres lessive de soude à 6° B., 1000 kil. sel de soude à 50 fr. les 100 kil	500
Cyanure de potassium, 40 gr. par kil. d'acide tungstique, soit 28 kil. à 10 fr. le kil	280
Frais de pile, 1 c. et demi par gr. de métal réduit, soit 525 kil	7,875
Loyer, main-d'œuvre, frais généraux, intérêt, usure du matériel, administration, personnel, etc., 1 c. par gr., soit 10 fr. par kil	5,250
Total du coût de revient	15,770 fr.

Soit pour 525 kil. Donc *le kilogramme de tungstène* 30 fr.

État du matériel d'une fabrique

Produisant en moyenne 30 *kilogrammes de silicium par jour.*

40 bacs de 1000 litres chacun, à 200 fr.	8,000 fr.
4 chaudières de préparation, à 1000 fr.	4,000
Chaudière à vapeur (12 chevaux)	1,800
Machine à vapeur de la force de 6 chevaux	4,000
Appareil broyeur	1,000
Appareil à eau distillée	1,000
Four à reverbère et cheminée	4,500
4 filtres et appareil à décanter	3,000
2 appareils à précipiter	1,000
100 grosses piles complètes, à 15 fr.	1,500
Fils et lames de platine, 1 kil. 500 gr	1,550
Conducteurs et accessoires	500
Terrines, seaux, grès, poteries, etc.	200
Installation, organisation et frais divers imprévus	3,550
Total du coût du matériel	35,600 fr.
Fonds de roulement	15,000
Total en chiffres ronds	50,000 fr.

Pour montrer combien l'argenture argyrolithe est avantageuse pour le fabricant, et pour engréner avec le capitaliste, M. Chaudron a remis, en janvier dernier, le tableau suivant, que je transcris. On ne dit jamais combien la couverture pèse de grammes. L'usage de la balance est inconnu dans cette industrie. Les bénéfices s'en ressentiraient par trop.

Mois de décembre. — *Vente de la petite fabrique existant à Passy, rue Basse, 15.*

Vendu à :

		fr.	c.
D. 6 douzaines couverts, à 50 fr.		300 fr.	»
D. 1 potage		10	»
O. 6 couverts		25	»
B. 12 couverts, 12 cafés, 1 potage		72	»
R. 24 couverts, 24 cafés, 2 potages		144	»
B. 12 couverts		50	»
M. 24 couverts, 36 cafés, 2 potages		174	»
P. 12 entremets, huilier, bouts de table		140	»
B. 12 couverts, 12 cafés, 1 potage		74	»
M. 12 couverts alphénide		60	»
G. au Havre, 26 couverts alphénide		180	»
Id.	36 couverts unis, à 54 fr	162	»
Ids	66 cafés, à fr	66	»
Id.	6 pinces à sucre	40	50
Id.	2 potages	24	»
Id.	42 couverts brunis	203	»
Id.	36 fourchettes	78	»
P. 6 couverts, 6 cafés		31	»
		1,853 fr.	50

Achat :

	fr.	c.
25 douzaines et demie couverts, à 16 fr.	408 fr.	»
13 douzaines et demie cafés, à 3 fr. 75	42	35
9 potages, à 3 fr. 25	29	25
6 pinces à sucre, à 3 fr.	18	»
1 huilier	24	»
2 bouts de table	26	»
Brunissage	80	»
Métal, main-d'œuvre, frais généraux, à 5 fr. par douzaine (dont détail suit)	200	»
	827 fr.	60
Différence	1,025 fr.	90

Les frais de fabrication se sont élevés à :

	fr.	c.
400 litres de bain fonctionnant depuis plus de quatre mois, ayant coûté 60 c. le litre, soit 240 fr., dont le quart est de	60	»
Métal (silice et tungstène) ajouté 2 kil. à 13 fr.	26	»
Piles et acides, 15 kil. à 40 fr. le 100	6	»
Main-d'œuvre	50	»
Loyer	50	»
Filtres et petits appareils	10	»
Intérêts et frais divers	20	»
Frais de fabrication	222	»
Il faut déduire, pour le bain qui est encore en état et pour le métal restant, la moitié au moins de la somme portée en dépense, soit	43	»
Reste donc pour frais nets de fabrication 222 fr. moins 43 fr., soit	179	»
Pour brunissage	80	»
Dépense totale	259	»
Différence de 1853 ou produit brut	1,594 fr.	»
Achat des couverts	547	60
Le bénéfice réel est donc de	1,046 fr.	40

Le prix de façon porté à 5 fr. par douzaine est donc au-dessus de la dépense réelle, même en ne faisant dans un mois que le travail d'un jour.

Matériel.

Le matériel nécessaire pour suffire par jour au mouvement porté ci-dessus ne s'élèvera pas, toutes les dépenses d'installation comprises, au delà de 25,000 fr.

Les dépenses d'achat et de fabrication s'élevant à la somme de 800 fr. environ, et, en admettant que le capital des ventes ne rentrât que tous les deux mois, un fonds de roulement de

40,000 fr. serait donc suffisant pour satisfaire largement à ce mouvement, puisqu'en ne comptant que cinquante jours de travail effectif sur deux mois l'on n'atteint que ce chiffre; mais toutes les opérations de cette nature se traitent au comptant; et, en admettant que la moitié seulement soit payée ainsi et le surplus à deux mois, on aura déjà en caisse 46,250 fr. avant l'expiration des cinquante jours; après, une pareille somme sera exigible. Il est donc clair qu'un fonds de roulement de 23 à 30,000 fr., ou une somme totale de 50 à 60,000 fr. sera suffisante pour réaliser ces résultats.

En somme, argenter 40 douzaines de couverts avec 43 fr. de métal; produits plus beaux et ayant une résistance supérieure, sous le rapport de la durée, que s'ils étaient argentés à l'argent ! ! !

Sauvons..... l'argent. (ODRY.)

RAPPORT sur un Mémoire de M. JULES BARSE, *relatif à un procédé propre à faire distinguer, par des réactions spéciales, le* **silicium** *et le* **tungstène**, *déposés par la voie galvanique, d'avec* **l'argent**; lu à l'Institut (Académie des Sciences), en la séance publique du 17 décembre 1855.

(Commissaires, MM. DUMAS et BALARD, rapporteur).

« L'Académie nous a chargés, M. Dumas et moi, de prendre connaissance d'un mémoire de *M. Jules Barse*, relatif à des procédés propres à faire distinguer l'argent d'avec le tungstène et le silicium, déposés par la voie galvanique. Cette prétention de déposer ces métaux à la surface du cuivre rouge ou du laiton et de leur communiquer ainsi, avec des matières d'un vil prix, la teinte blanche et l'inaltérabilité qu'ils possèdent quand ils sont recouverts d'argent, n'est pas nouvelle. Annoncée déjà à plusieurs chimistes par des communications confidentielles, elle fut formulée d'une manière nette, par M. Chaudron-Junot, dans un mémoire présenté à l'Académie, qui chargea M. Pouillet et moi d'en faire l'examen. Nous nous transportâmes dans les ateliers de M. Chaudron-Junot, et nous vîmes, dans des bains où on n'introduisait, en apparence, que des silicates, des tungstates et des molybdates, les couverts prendre en quelques heures une teinte blanche assez pure. Mais ces pièces, analysées par nous, ne nous offrirent pas de traces de *silicium* ou de *tungstene*, ou de *molybdène*, et se montrèrent comme recouvertes d'argent. Dans une poussière métallique déposée dans le même bain, sans adhésion avec un métal étranger, et qui nous avait été remise par M. Chaudron-Junot, nous avons trouvé de l'argent mêlé de 50 millièmes environ de métaux étrangers, cuivre, fer, et dans lesquels nous n'avons trouvé ni silicium, ni tungstène, mais où nous avons reconnu l'existence de quelques traces de cerium qui paraît contenu, en petite quantité, dans le wolfram de Saint-Yrieix, près Limoges, qui servait à M. Chaudron-Junot à préparer les tungstates dont il composait ses bains.

« En présence de ces faits analytiques et des insuccès qui avaient accompagné *constamment* les tentatives de M. Chaudron-Junot pour reproduire, dans le laboratoire de la Sorbonne, et avec des bains préparés sous nos yeux, le blanchîment des métaux observé chez lui, il *s'empressa d'écrire à l'Académie* pour dire que son mémoire renfermait une erreur grave, et qu'il demandait à le retirer. L'Académie y ayant consenti, il n'y eut plus lieu à faire de rapport.

« Ce fut quelques temps après le retrait de ce mémoire que fut présenté à l'Académie le nouveau mémoire dont il est question aujourd'hui, et dans lequel M. Jules Barse, en reconnaissant que les réactions ordinaires ne lui avaient fait reconnaître aucune différence entre l'argent et le métal déposé par M. Chaudron-Junot, décrit une marche analytique et quelques réactions qui lui paraissent suffisantes pour les distinguer, *opinion qu'ont été, certes, loin de partager vos deux commissaires à la lecture de son travail*; mais, conformément aux habitudes bienveillantes de l'Académie qui laisse aux auteurs de mémoires *peu réfléchis*, dont l'extrait n'a pas été inscrit dans les *comptes rendus*, le temps de les rectifier eux-mêmes après un examen plus sérieux, nous n'avons pas cru devoir faire de rapport sur ce travail.

« Mais une brochure, que M. le docteur de Cook nous a fait connaître récemment, est venue nous apprendre qu'on vendait publiquement, sous le nom *d'argyrolithe*, des couverts blanchis, pareils à ceux que nous avions examinés. M. Chaudron-Junot publie son mémoire présenté à l'Académie, sans dire que l'erreur grande qu'on lui a fait reconnaître, l'a forcé à le retirer et à ne pas attendre le rapport. Le mémoire de M. Jules Barse est présenté comme attendant la sanction de l'Académie; les noms de tous ceux à qui M. Chaudron-Junot a fait la communication officieuse de son procédé, sont rappelés comme en ayant apprécié le mérite, et entre autres, celui de M. Le Play, juge si compétent en matière de métallurgie, cité aussi, quoiqu'il n'ait eu aucune communication avec M. Chaudron-Junot.

« En présence de ces faits et dans la crainte que le public, induit en erreur, peut-être même que des actionnaires, trompés dans leurs espérances, ne fissent à l'Académie le reproche de son silence, nous nous sommes empressés de répéter les expériences de M. Barse, soit avec le couvert qu'il avait déposé sur le bureau de l'Académie en même temps que son mémoire, soit sur les objets de même genre, vendus sous le nom d'argyrolithe, que nous avons pu nous procurer. Nos essais ne nous ont permis de constater, ni dans l'un ni dans l'autre cas, aucun des faits annoncés par ce chimiste. La réaction qu'il présente comme permettant de séparer le tungstène ne nous a rien donné du tout que nous ayons pu analyser; nous avons trouvé de l'argent, en quantités notables, reconnaissable à tous les caractères qu'il présente par la voie sèche ou la voie humide, dans les portions de précipités où il assure qu'il n'en existe pas une trace. Aussi notre conviction que les couverts, vendus sous le nom *d'argyrolithe*, sont blanchis par une très-mince couche d'argent, *est complète*. Nous croyons que l'erreur dans laquelle est tombé M. Jules Barse n'est pas moins grave que celle qu'avait reconnue M. Chaudron-Junot en demandant le retrait de son mémoire, *et nous sommes heureux que la publicité de nos séances et de nos comptes rendus nous permette de dire* TRÈS-HAUT *que le nouveau travail dont nous rendons compte, pas plus que celui de M. Chaudron-Junot qui l'avait précédé,* NE MÉRITE, EN AUCUNE MANIÈRE, NI L'ATTENTION DE L'ACADÉMIE NI LA CONFIANCE DU PUBLIC. »

Les conclusions de ce rapport sont adoptées.

Je prie MM. Balard et Dumas d'agréer l'expression de ma vive reconnaissance pour avoir bien voulu m'autoriser à faire usage, pour ma brochure, d'une épreuve de leur mémoire, dans le but de donner la plus prompte publicité à leurs conclusions, *adoptées à l'unanimité* par l'Académie, après lecture, dans sa séance de lundi 17 décembre 1855.

www.ingramcontent.com/pod-product-compliance
Lightning Source LLC
LaVergne TN
LVHW020438230826
846091LV00004B/1543
9782013620284